Pilote privé marié à une hôtesse de l'air, journaliste-enquêteur spécialisé dans l'aérien, François Nénin livre les bonnes histoires et anecdotes que les navigants se racontent au bar de l'Escale, entre deux vols ou dans les aéro-clubs.

DU MÊME AUTEUR

Transport aérien : le dossier noir
(avec Henri Marnet-Cornus)
Éditions Privé, 2006

Crashs aériens : ce qu'on vous cache
(avec Henri Marnet-Cornus)
Éditions Privé, 2007

L'Or gris
(avec Sophie Lapart)
Flammarion, 2011
et « J'ai lu », n° 10936

Ces avions qui nous font peur
Les dossiers noirs du transport aérien
Flammarion, 2013

François Nénin

OUPS !
On a oublié de sortir le train d'atterrissage

Histoires vraies de l'insolite aérien

Fayard

TEXTE INTÉGRAL

ISBN 978-2-7578-5812-7
(ISBN 978-2-213-68640-0, 1re publication)

À Emma
À mes garçons, Timothée et Ethan
À ma fille Abigaël, qui a traversé
une épreuves difficile et traumatisante.
À son courage, à sa beauté et à son humour.

« La curiosité mène à tout, parfois à écouter aux portes, parfois à découvrir l'Amérique. »

José Maria Eça de Queiros

« BIENVENUE À BORD... »

Introduction

« L'avion est le moyen de transport le plus sûr », annoncent les professionnels en brandissant une statistique : un accident par million d'heures de vol. Cette phrase a autant d'effets sur moi que celle que j'entendais lorsque j'étais enfant : « Ne t'inquiète pas, il n'y a pas de monstre sous ton lit. » Il faut dire que je m'y connais : spécialiste de l'aérien, j'ai écrit plusieurs ouvrages sur le sujet (*Transport aérien le dossier noir*[1], *Crashs aériens, ce qu'on vous cache*[2] et *Ces avions qui nous font peur*[3]). J'ai aussi consacré de nombreux articles et documentaires à ce secteur et lancé, bénévolement, un site Internet de classement des compagnies aériennes par niveau de sécurité[4]. Je me suis acharné à comprendre pourquoi ce secteur qui se targue de tendre vers le risque zéro produit mécaniquement, chaque année, une centaine d'accidents. Conséquence

1. Privé, 2006.
2. Privé, 2007.
3. Flammarion, 2013.
4. www.securvol.org www.securvol.fr

de mes enquêtes, je nourris parfois quelques craintes en avion. J'ai voulu soigner le mal par le mal en devenant pilote privé. Je m'y connais donc un peu en avions et, pour l'anecdote, j'ai épousé une hôtesse de l'air.

Force est de constater que, dans l'aérien, la réalité dépasse très souvent la fiction. Dans la série *Lost*, suivie par des millions de téléspectateurs, le vol 815 de la compagnie Oceanic Airlines, reliant Sydney à Los Angeles, s'évanouit dans les airs et explose en plein vol au-dessus d'une île inconnue au cœur de l'océan Pacifique. Pur produit de l'imagination débordante d'une bande de scénaristes américains, ce cas de figure improbable n'a malheureusement rien à envier à celui du vol MH 370 de la Malaysia, disparu des écrans radar le 8 mars 2014 avec ses 239 passagers sans laisser de trace. Il est pourtant techniquement totalement impossible qu'un avion qui se crashe en mer n'occasionne pas de débris... Ce mystère planétaire fascine les spécialistes, inquiète les voyageurs et nourrit les intrigues les plus folles. Pour la première fois dans l'histoire de l'aéronautique, on ne saura sans doute jamais ce qui est arrivé. Les boîtes noires ont cessé d'émettre depuis longtemps. On peut ne jamais retrouver la carlingue.

Car, en avion, il arrive de traverser des zones de turbulences avec des conséquences terribles. Tout peut déraper en quelques secondes et faire basculer le destin de centaines de passagers (de 19 dans un Beechcraft, à 853 dans un A380). Dans le crash du vol Air France Rio-Paris, par exemple, le 1er juin 2009, l'équipage a perdu le contrôle de l'appareil en moins de deux minutes, avec 228 personnes à bord. Plus récemment, le 24 mars 2015, le monde entier apprend, sidéré, le crash de la Germanwings : il aurait suffi de la folie d'un copilote dépressif pour faire plonger un Airbus A 320 contre le flanc d'une montagne, tuant ses 150 occupants ?

Malgré les apparences, c'est parfois un secteur sur lequel ne s'exerce pas de réel contrôle : dans certains pays, il n'y a même pas d'instance pour surveiller les compagnies aériennes. Récemment, les exemples de défaillance se sont malheureusement multipliés de manière spectaculaire.

Précisons toutefois que, de nos jours, près de 30 millions de vols commerciaux transportant presque 3 milliards de passagers finissent à bon port. Pour autant, si un avion décolle dans le monde toutes les dix à vingt secondes, chaque voyage est susceptible de receler des surprises…

De l'embarquement à l'atterrissage, en passant par les bourdes incroyables, les pétages de plombs des équipages ou les lubies des passagers, l'aérien comporte son lot d'histoires incroyables, insensées et exceptionnelles, qui font frémir ou fascinent. Condensé de l'humanité enfermée en vase clos, reflet de la société, on y croise toutes sortes de personnages plus ou moins déjantés, mais aussi des hommes et des femmes rigoureux et formidables.

Depuis dix ans que j'enquête, une multitude d'informateurs m'ont fait confiance, certains sont même devenus des amis. Tous, pilotes, hôtesses de l'air, stewards, ingénieurs, à qui je dédie ce livre sans pouvoir les nommer, sont tenus à un devoir de réserve. J'ai donc choisi de leur prêter ma voix pour retranscrire fidèlement et en toute humilité leurs récits.

Les bonnes histoires que l'on va lire se racontent au bar de l'escale, entre deux vols, dans les aéro-clubs, lors de dîners entre navigants : certaines sont totalement inédites – si elles sont connues des gens du secteur, elles le sont en tout cas rarement des passagers.

L'aérien reste un petit monde très fermé, souvent secret, avec ses codes et son mode de vie particulier. Mais c'est aussi un merveilleux trait d'union entre les hommes. Grâce à l'avion, nous sommes 7 milliards de voisins.

Alors, attachez vos ceintures et embarquez avec moi dans ce voyage insolite dont vous êtes certains de revenir vivants !

« PNC à vos portes, vérification de la porte opposée, armement des toboggans… »

PARTIE 1

DRÔLES DE VOLS

Un bel avion est un avion qui vole bien.

Marcel Dassault

« En gros tu t'apprêtes à voler : un truc doux et aérien, dans un truc qui pèse une tonne et qui fait un bruit de malade. Pour moi, ça reviendrait un petit peu à plonger dans une piscine avec un sac à dos rempli de briques. *A priori*, tu vas juste t'éclater la g....e au fond de la mosaïque. »

Nora Hamzawi
(chronique sur France Inter)

« Attrape-moi si tu peux » Thomas Salme : faux pilote, mais faussaire de génie

Nous sommes en 1977. Thomas Salme, 8 ans, adorable petit Suédois blondinet, accompagne son papa, photoreporter passionné d'aviation à l'aéroport d'Arlanda pour faire un *shooting* – une prise de vues. Il fait beau ce jour-là, et l'enfant, qui voue une admiration sans bornes à son père, porte le sac rempli d'appareils photo. Émerveillé, le gamin observe son papa « armé » de son téléobjectif fixer sur la pellicule le ballet des avions sur le tarmac. Dans l'aérogare, les hôtesses de l'air de la Scandinavian, chignon impeccable et sourire rassurant, lui font tourner la tête. Toute cette vie fascine le petit garçon, qui se promet d'en faire un jour partie.

À l'adolescence, lors des premières décisions concernant son orientation professionnelle, le cœur de Thomas balance entre le photoreportage et l'aviation. Mais sa famille ne roule pas sur l'or. La formation de pilote de ligne coûte une fortune. Depuis la lucarne de sa petite chambre,

Thomas regarde le ciel étoilé et les feux anticollision des avions qui clignotent au bout de leurs ailes. Il cogite, soupire, rêve à son destin. Impossible de renoncer : quoi qu'il advienne, il rejoindra la grande famille des pilotes.

L'année de ses 20 ans, pendant les vacances, il enchaîne les petits boulots et profite de son temps libre pour jouer les *spotters,* ces passionnés qui planquent durant des heures le long des pistes pour immortaliser les avions. Il devient vite incollable sur le type des appareils, leurs performances. Un jour, un pilote l'aperçoit depuis le cockpit d'un 747 en train de circuler sur le taxiway, juste avant son envol. Le « captain » lève le pouce dans sa direction. Un geste destiné à exprimer que tout est sous contrôle. L'enfant lui répond et interprète cet échange comme un signe : il portera, lui aussi, ces quatre barrettes dorées sur les épaulettes de sa chemise blanche et fera décoller ces engins de plusieurs centaines de tonnes. En attendant, il passe son brevet de pilote privé : les maigres économies qu'il a pu faire sont englouties dans des heures de vol sur des Cessna, ces petits avions de tourisme à ailes hautes. Il connaît enfin son « lâcher », ce moment inoubliable pour un pilote au cours duquel l'instructeur donne l'autorisation de voler seul. Mais la route est encore longue avant de devenir pilote de ligne…

La chance sourit (parfois) aux audacieux... C'est le cas de Thomas, qui sait la saisir. Il reprend contact avec l'un de ses camarades, devenu technicien, en charge de l'entretien des simulateurs de la compagnie nationale, la Scandinavian Airlines. La nuit venue, quand tous les apprentis pilotes ont déserté le centre d'entraînement, Thomas s'y faufile. Avec l'aide de son ami, il se met aux commandes de simulateurs ultraréalistes installés sur des vérins, qui permettent de reproduire les mouvements de l'avion. Il s'y entraîne autant qu'il peut – pendant quelques heures, pendant quelques minutes, peu importe : tout est bon à prendre pour s'initier au pilotage. Bientôt, le Boeing n'a plus de secret pour lui, il en connaît toutes les fonctionnalités. Cet acharné se plonge aussi dans les manuels techniques et les dévore avec l'assiduité d'un obsessionnel. Il enchaîne les procédures, les check-lists, simule les pannes, les atterrissages par vent de travers sous les rafales, avec un feu moteur, un train qui refuse de sortir. Pendant un an et demi, Thomas se concocte une formation à l'œil... sur le dos de la Scandinavian. Lorsque la nuit tombe, il joue ainsi les « Ratatouille », petit rat devenu cuisinier clandestin, dans cet immense hangar désert.

Parfois, l'arrivée inopinée d'un membre d'équipage l'oblige à interrompre brutalement son vol virtuel et à sortir en douce du simulateur.

La deuxième phase de son plan est encore plus audacieuse : maintenant qu'il sait faire décoller un Boeing 737, il doit intégrer une compagnie… Il se fabrique alors, à partir d'un document original en suédois qu'il a subtilisé, comprenant même le logo d'un organisme de formation, une licence de vol avec un vrai numéro d'identification. Il postule auprès de la compagnie italienne Air One, qui n'y voit que du feu et l'engage comme copilote. Il connaît si bien la machine qu'il suscite l'admiration de ses collègues. Personne ne peut soupçonner qu'il s'est formé lui-même. En 1999, après deux ans de vol sans le moindre impair, il devient même commandant de bord – un parcours exceptionnel. Il occupe ce poste sept ans durant, jusqu'en 2006, sans se faire démasquer ! Après quelques contrats en Europe, il se fait embaucher dans une compagnie turco-hollandaise, Corendon. Avec son très bon dossier professionnel, il y est accueilli à bras ouverts – là encore sans être démasqué. Car, s'il est difficile d'entrer dans la place, une fois qu'on y est depuis un certain temps, on fait partie du paysage. Il est en outre impossible pour un chef pilote ou un copilote d'imaginer qu'un de ses collègues puisse être un usurpateur.

Thomas Salme va ainsi transporter des milliers de passagers pendant treize ans aux quatre coins du monde ! Soit plus de 10 000 heures de vol.

Mais le vent tourne le mardi 2 novembre 2010, quand les 101 passagers qui ont pris place à bord du Boeing 737 immatriculé TC-TJC à l'aéroport d'Amsterdam-Schipolweg à destination d'Antalya, en Turquie, voient surgir des policiers hollandais pour arrêter le pilote, qu'ils débarquent manu militari. Aussitôt, la compagnie appelle un pilote de réserve – un vrai – pour remplacer Thomas Salme. Ce sont les autorités suédoises qui, enquêtant depuis plusieurs mois sur son cas, ont prévenu celles des Pays-Bas. Le faux pilote est alors déféré à Haarlem, devant le procureur, et mis en examen pour faux en écriture.

Un mois plus tard, il comparaît devant une cour de justice. Son avocat plaide le fait qu'il n'a provoqué aucune mort durant sa carrière. Les juges font preuve de mansuétude et le condamnent à une simple amende de 2 000 euros.

Le play-boy s'en sort donc plutôt bien, mais cette belle histoire de tricherie sans victimes comporte une dimension fort inquiétante : à la barre, Thomas Salme a affirmé que certaines compagnies étaient au courant de sa situation.

Salme, malgré ses mensonges, était finalement un bon pilote qui s'était correctement formé, avait gagné en expérience, suivi le cursus d'entraînement et fait des stages. Homme à femmes, il avait gagné en confiance, voire en surconfiance. Et avait donc perdu en discrétion, en capacité à se faufiler entre les mailles du filet. Un brin égocentrique, il a déclaré aux enquêteurs être soulagé d'être attrapé. Soulagé, à l'instar des tueurs en série, d'être enfin reconnu, ou tout simplement de pouvoir se délivrer du poids de son mensonge ? Salme ne pilotera jamais plus. Il est retourné à son métier d'origine : photographe sportif pour des magazines et des clubs de foot. Il vit à Milan et est père de deux garçons. Surfant sur sa médiatisation, il a écrit un livre bien mal intitulé *Confessions d'un pilote idiot*[1]. En Suède, un film a été tiré de son histoire. Plusieurs producteurs l'ont approché pour d'autres projets. Il est passé plusieurs fois dans des émissions : casquette blanche, cheveux longs et lunettes accrochées au col de son pull en V de tennisman, sourire hilare pour commenter sa supercherie – dont il fait maintenant un business.

Justement, dans le film de Spielberg, *Attrape-moi si tu peux*, Leonardo Di Caprio joue le rôle d'un petit escroc qui emprunte toutes sortes d'identités. Dans l'une des séquences, il endosse celle d'un pilote de ligne aux États-Unis. Il porte l'uniforme et voyage gratuitement dans les cockpits de plusieurs avions. Mais la réalité de

1. *En bluffpilots bekännelse,* Norstedts, 2012.

l'affaire Salme va au-delà de la fiction imaginée par Spielberg…

Récemment, une commandant de bord d'une compagnie européenne a été contactée par une jolie femme – appelons-la Sofia – qui se présentait comme commandant de bord à Air France. Elle prétendait contacter sa consœur afin de militer contre le « plafond de verre » à l'œuvre dans la profession, le pouvoir et les postes élevés étant confisqués par les hommes. La commandant est alors allée consulter son site professionnel : sur sa photographie de profil, on voyait la jeune femme poser fièrement en tenue de vol. Néanmoins, elle avait omis un détail de taille : les uniformes destinés aux femmes commandants de bord ne comportent pas de cravate… Après vérification, il s'est avéré que Sofia était en réalité femme de chambre dans un hôtel chic de l'île de La Réunion, où descendaient les équipages d'Air France. L'affaire en est restée là. Peut-être avait-elle, elle aussi, envie de voler ?

Bon à savoir

La formation de pilote, combien ça coûte ?

Cette formation dure deux ans dans une école privée et vaut 120 000 euros, avec un volume de 250 heures de vol, avec une qualification Airbus auprès d'une compagnie turque ou tunisienne pour laquelle le candidat travaille en tant que copilote, ce qui lui rajoute 50 000 euros.
Cette somme qui avoisine les 200 000 euros ne garantit même pas un emploi à la sortie, mais certainement de longues nuits blanches pour trouver des solutions de remboursement… Un rêve qui coûte cher !

Casse de Zurich : des lingots « envolés »

Les casses parfaits existent dans les banques et les musées, mais ce que l'on sait moins, c'est qu'ils sont aussi possibles dans les avions. Sur certaines destinations – comme la Suisse –, les passagers l'ignorent, mais ils sont transportés par de véritables coffres-forts volants, dont les soutes sont remplies de trésors d'une valeur inestimable…

Le temps est couvert ce 19 septembre 2013 au-dessus de Roissy. Sur le tarmac envahi de brume, la visibilité n'est pas grande. Il est 11 heures du matin. À côté d'un biréacteur Embraer 190 aux couleurs de la compagnie Regional, un camion-citerne est en train de faire le plein de kérosène. Dans le cockpit, le commandant Hugues Reuben et le copilote Franck Catton préparent méthodiquement le vol AF 1614 qui doit décoller dans une heure pour Zurich. Au sol, une dizaine de professionnels, revêtus de leur gilet jaune fluo, se relaient dans un ballet rapide : mécanos avion, hôtellerie (plateaux-repas), ménage, approvisionnement d'eau potable, vidange des toilettes.

« Danny[1] », 28 ans, est le responsable de l'équipe manutentionnaire, employée par une grande société d'assistance au sol. Il a la démarche dégingandée d'un éternel adolescent avec son pantalon rouge et bleu qui jure avec sa veste jaune poussin. Un brin inquiet, il jette depuis un moment des coups d'œil rapides et circulaires autour de lui, mais personne n'y prend vraiment garde : les opérations de préparation du vol sont toujours menées à une cadence effrénée pour ne pas mettre en retard l'avion.

Danny a fait positionner les tapis roulants qui permettent de faire coulisser les bagages jusqu'aux soutes, dont les issues sont situées sur le flanc droit de l'appareil. À l'arrière se trouve celle qui accueille les pièces de valeur ; à l'avant, celle des bagages des passagers. Les choses vont maintenant s'enchaîner comme dans le film qu'il a repassé cent fois dans sa tête. La petite musique du timing serré du braquage du siècle façon *Ocean's Eleven* se déclenche quand le fourgon blindé des convoyeurs de fonds vient se stopper à proximité du cockpit. Deux hommes en sortent et chargent neuf petites caisses en bois pleines d'or sur le tapis roulant qui mène à la soute arrière,

1. Certains noms ont été modifiés.

avant de remonter à bord de leur véhicule. Leur mission : rester les yeux rivés sur la porte, jusqu'à ce que l'avion décolle, pour éviter les vols.

Mais, cette fois, ils n'ont pas réussi à se garer à l'emplacement habituel et sont gênés par les petits camions qui apportent les plateaux à bord, stationnés devant l'appareil. En réalité, tout cela est parfaitement orchestré et a maintes fois été répété. L'objectif est justement de les empêcher d'avoir une bonne visibilité. Le réacteur droit est dans leur champ de vision et ils ne distinguent pas ce qui se passe derrière, le long du fuselage de l'avion. Les bagages des passagers arrivent sur leur chariot pour être placés, comme il se doit, dans la soute avant.

C'est le bon moment pour enclencher le plan savamment ficelé. Un complice bagagiste, « Basher », se saisit de deux valises et les place « par erreur » sur le tapis roulant de la soute arrière, vers les caisses remplies d'or[1].

Danny l'interpelle alors à haute voix pour couvrir le vacarme des réacteurs d'un avion voisin :

« Eh, tu t'es planté : les bagages passagers vont tous dans la soute avant. Va rechercher les deux valises et mets-les dans la bonne soute. »

---

1. Selon la feuille de chargement que nous avons pu consulter, il y avait 49 kilos répartis en deux caisses, 63 kilos en deux autres caisses, 73 kilos en trois caisses et 47 kilos en deux caisses, soit un poids total de 241 kilos.

Le complice pénètre ainsi dans la soute et remplit de lingots les bagages des voyageurs, avant de ressortir tout naturellement les déposer dans l'autre soute.

Au même moment, une hôtesse au sol se saisit d'un micro :

« Dernier appel des passagers du vol AF 1614 à destination de Zurich avant fermeture des portes. »

Attendant dans l'aérogare, « Rusty », le propriétaire des deux valises – qui est lui aussi complice des bagagistes –, ne bouge pas à l'annonce de l'hôtesse.

Le chef avion, chargé de la synchronisation des opérations, est aussitôt prévenu qu'il manque un voyageur. On appelle ce cas de figure un « no show » : le passager est enregistré sur le vol, mais ne se présente pas à l'embarquement. Or, en raison des risques terroristes, aucun bagage ne peut décoller sans son propriétaire.

Danny, le chef bagagiste, est prévenu et file vers le cockpit alerter le commandant de bord. Dans le poste de pilotage, les témoins verts lumineux indiquent que toutes les soutes sont maintenant verrouillées. En cas de réouverture pendant le roulage, un voyant rouge et une alarme s'allument et interdisent le décollage.

Le modèle de l'avion n'a pas été choisi au hasard par les braqueurs : dans cet appareil, les bagages n'arrivent pas enfermés dans des containers, ce qui était la condition sine qua non pour pouvoir déplacer les valises d'une soute à l'autre.

Dans le poste de pilotage, les pilotes échangent les dernières informations avec le chef avion chargé de la coordination.

« On a un passager qui ne s'est pas présenté, mais tout est OK : j'ai fait ressortir les bagages.

– Combien a-t-on de passagers inscrits ? demande le commandant Reuben.

– 58, lui répond Franck, le copilote. »

Emma, l'hôtesse de l'air, passe la tête dans le cockpit ; elle vient de remonter l'allée avec son petit compteur à la main :

« Commandant, on a 57 *pax* à bord.

– C'est conforme, 58 moins un. on peut y aller. »

Le chef avion serre la main des pilotes et redescend. Emma ferme la porte. Dans l'aérogare, derrière les baies vitrées, Rusty attend que la passerelle soit retirée, un petit sourire au coin des lèvres : tout a parfaitement fonctionné.

Le vol de Zurich est maintenant en instance de partir.

« AF 1614, *ready to go*, lance le copilote.

– Contactez le trafic sur la fréquence 118,15, lui répond la tour.

– AF 1614, on est prêts pour le repoussage, informe le copilote.

– Autorisé au repoussage », lance la tour.

Le petit tracteur fait reculer l'avion et, arrivé à la fin du parking, l'employé le détache. Il lève le pouce en direction du commandant de bord : tout est paré pour le décollage. Mise en route des moteurs…

Sous les yeux des convoyeurs, qui ne se doutent pas une seule seconde qu'une partie de leur chargement a déjà disparu, l'Embraer se dirige maintenant vers la piste pour prendre son envol. À l'intérieur, les hôtesses font les démonstrations de sécurité, puis s'assoient sur les strapontins, avec un sourire rassurant.

« AF 1614, autorisé décollage », lance la tour.

Le commandant actionne les manettes des réacteurs et l'avion entame sa course.

Dans l'aérogare, une hôtesse au sol est en train de rendre ses deux valises à Rusty, qui a prétexté un problème familial pour ne pas embarquer.

L'avion prend les airs : la mission des convoyeurs est terminée.

Arrivée de l'avion à Zurich une heure et quart plus tard : des transporteurs suisses de la Brink's attendent déjà sur le tarmac… Lors du déchargement, ils effectuent le comptage et constatent tout de suite qu'il manque deux caisses, soit 44 kilos d'or, représentant 1,6 million d'euros ! La police locale est aussitôt prévenue et ordonne de mettre l'avion sous scellés. « Les braqueurs étaient particulièrement bien informés : si les vols vers Zurich contiennent souvent de l'or, il n'y en a pas sur toutes les rotations et on ne le sait pas à l'avance. Il fallait aussi s'assurer de la taille des caisses pour adapter celle des valises. Y avait-il des complicités à tous les niveaux ? » s'interroge un commandant de bord.

Entendu comme témoin dans le cadre de l'enquête, un employé au sol qui a enregistré les bagages s'est souvenu – a posteriori – avoir été surpris par la légèreté de deux valises, « comme si elles étaient vides ». Il a vite compris qu'elles appartenaient au passager qui n'avait pas embarqué. Sur les bandes vidéo de l'aéroport de Roissy, on voit justement Rusty peiner pour les porter… Normal, elles pesaient désormais 44 kilos.

Le 24 septembre, Air France a annoncé avoir porté plainte pour le vol de l'or. De son côté, la société de convoyage a décliné toute responsabilité, considérant qu'elle « se limitait à assurer la sécurité de cet envoi durant son transit à Roissy, mission dont la Brink's s'est parfaitement acquittée ».

Onze jours plus tard, sept personnes ont été interpellées. Plusieurs ont été relâchées, d'autres placées en détention provisoire. Ni l'or, ni Rusty, n'ont, au moment où nous imprimons, été retrouvés… Le casse parfait ?

Le saviez-vous ?

Avec le plein d'un Boeing 747, je peux rouler pendant plus de 400 ans !

Le rayon d'action d'un Boeing 747-400 est de 13 400 kilomètres. Ses réservoirs peuvent contenir 216 000 litres de kérosène.
Si je parcours 10 000 kilomètres par an avec ma voiture qui consomme 5 litres aux 100, je peux alors rouler pendant 432 ans.

Une passagère à huit pattes

Zurich-Bruxelles : c'est le dernier vol de la journée pour Alexandra, une copilote d'une trentaine d'années. Sur son avion, il existe un compartiment chauffé pour y loger des animaux. Une sorte d'Arche de Noé volante.

« Au milieu du vol, j'aperçois, interloquée, un steward à genou au milieu de l'allée centrale en train de regarder sous les sièges des passagers, lesquels se sont recroquevillés sur leur fauteuil ! » raconte Alexandra. Une hôtesse arrive en courant, affolée : un homme d'affaires a été mordu par une grosse araignée velue qui serait tombée d'un rack à bagages ! Panique à bord, certains passagers se mettent à crier.

« Nous regardons alors les documents remis avant le décollage. Surprise : nous transportons des serpents ! se souvient Alexandra dans un frisson. L'idée que cette araignée puisse être leur nourriture nous effleure l'esprit. Et si la boîte s'est ouverte, on va se retrouver avec plein de serpents, ou plein d'araignées ? » *Brrrr…*

La main du passager mordu gonfle et rougit terriblement. On se demande s'il ne va pas faire un malaise. Ou pire. Alexandra demande la présence de l'assistance médicale à l'arrivée. Après l'atterrissage, l'homme est évacué aux urgences : il s'en sortira.

Quant à la bébête, les grands moyens sont déployés : des spécialistes du zoo d'Anvers viennent la traquer toute la nuit, en faisant tourner la climatisation à fond, car ces araignées s'endorment dans le froid. Peine perdue : l'affreuse a joué les monte-en-l'air et a filé à l'anglaise…

« Suite à cette histoire, qui a bien sûr fait le tour de la compagnie, j'ai acheté une araignée poilue en plastique sur le pont Charles à Prague. Grâce à une poire au bout d'un tuyau d'une trentaine de centimètres, je pouvais la faire sauter à distance, s'amuse Alexandra. Je l'ai gardé longtemps dans ma mallette de vol, et j'en ai fait sursauter plus d'un ! Je lui ai même donné un prénom : Arabella. »

La bourse ou le vol

Des passagers ont affirmé avoir été obligés par des pilotes d'une compagnie autrichienne de payer une « rançon » pour rejoindre leur destination.

Le vol partait d'Inde, pour se rendre à Birmingham. Faute de carburant, l'avion a dû s'arrêter pendant trois jours à Vienne, en Autriche : les passagers auraient été contraints de débourser 23 500 euros pour payer le kérosène leur permettant de rentrer chez eux !

L'incroyable histoire de l'avion décapotable

Que ceux qui n'ont jamais eu envie de voler les cheveux au vent lèvent la main !

L'histoire du vol Aloha 243 est unique dans l'histoire de l'aviation.

Le 28 avril 1988, il fait un temps magnifique sur Hilo, une ville côtière de l'archipel d'Hawaï. Il est midi quand 89 passagers s'apprêtent à monter à bord du Boeing 737 baptisé *Reine Liliuokalani*. L'embarquement se déroule sans problème, jusqu'à ce qu'une femme ralentie par les autres passagers lors de sa progression sur les marches de l'escabeau aperçoive une fissure sur le fuselage, au niveau de la porte. Elle préfère toutefois ne rien dire. Après tout, elle n'y connaît rien. Elle va donc tranquillement s'asseoir à sa place et boucle sa ceinture en attendant le décollage.

Clarabelle Lansing, la chef de cabine, lui adresse un sourire chaleureux pour l'accueillir. C'est une jolie femme hawaïenne aux cheveux noirs et au regard pétillant. À 58 ans, cette navigante porte le bibi avec élégance. Elle est la fierté de la compagnie, car elle promène une image raffinée et exotique auprès des passagers. Le vol doit durer environ 50 minutes. Tous les passagers sont maintenant présents à bord. Une hôtesse ferme la porte. Quelques minutes plus tard, l'avion décolle à destination d'Honolulu, atteignant assez vite son altitude de croisière, environ 8 000 mètres, pas très haut, car le temps de vol est très court. Le Boeing 737 vole depuis vingt minutes. Les hôtesses ont à peine démarré le service que, soudain, un trou dû à une cassure se forme dans le plafond gauche.

Clarabelle est en train de servir un passager quand elle se fait littéralement aspirée. Soudain, c'est véritablement l'horreur, le toit de l'avion se fendille un peu plus, le trou s'agrandit, et Clarabelle disparaît dans le ciel. Les masques à oxygène tombent aussitôt, les passagers hurlent de terreur. Le toit s'est arraché sur un tiers de l'appareil à partir de la porte avant. Sur une dizaine de mètres, l'avion est coupé en deux. Une autre hôtesse, Michelle Honda, qui n'était pas non plus attachée car elle s'occupait du service à bord, a plus de chance. Elle se trouve pourtant dans les rangées à ciel ouvert, mais des passagers vont la retenir plaquée au sol pendant tout le temps de la descente. Une troisième hôtesse, Jane, est blessée par les débris projetés par la décompression. Les pilotes, eux, n'ont pas vu ce qui s'était passé, ils ont seulement entendu plusieurs bruits très violents. Ils constatent simplement que la cabine n'est plus pressurisée. Il faut rapidement opérer une descente d'urgence. Ils cherchent le terrain le plus proche : c'est Maui.

Après avoir lancé un appel de détresse, le copilote sort alors du cockpit pour constater l'étendue des dégâts : il n'en croit pas ses yeux. Il peut voir le ciel au-dessus de sa tête ! L'avion est devenu une décapotable. Étant donné l'importance du trou, il est quasiment impossible que l'appareil puisse résister : il va forcément se casser. Par chance, les commandes n'ont pas été touchées et répondent toujours : l'avion reste manœuvrable. Pendant treize longues minutes, les pilotes vont exécuter la descente. Si approcher l'aéroport de Maui leur semble possible, s'y poser sans provoquer un choc qui casserait l'avion en deux leur paraît impensable.

Le commandant de bord va pourtant réussir un atterrissage classique, et l'avion s'immobilise sur la piste, sous les yeux incrédules des pompiers de Maui. Sur les 89 passagers, 71 sont blessés. L'histoire de l'aviation civile tient cet atterrissage comme proprement miraculeux.

Le corps de Clarabelle n'a jamais été retrouvé.

On n'éprouve jamais
que deux émotions en avion :
l'ennui et la peur.

Orson Welles

Idée reçue

La majorité des passagers n'ont pas peur en avion

FAUX. Que celui qui n'a jamais eu le trouillomètre à zéro dans des turbulences, qui n'a jamais eu les mains moites au moment de montrer sa carte d'embarquement à l'hôtesse, me jette le premier Lexomil ! Selon les enquêtes, et selon les moments où elles sont réalisées (le résultat n'est pas le même après un crash), les passagers sont 70 % à avoir peur en avion. Et, parmi ces 70 %, 30 % sont de vrais phobiques de l'avion !

Moi j'arrêterai d'avoir peur de l'avion le jour où on arrêtera d'applaudir le pilote parce qu'il a réussi l'atterrissage...

Gad Elmaleh

Les stars phobiques

Depuis la naissance de ses enfants, Kate Winslet prend toujours un avion différent de celui de son mari.

Aretha Franklin a refusé de devenir membre du jury du télé-crochet *American Idol*, car elle ne voulait pas prendre l'avion toutes les semaines !

La chanteuse et actrice Cher est encore traumatisée par un atterrissage en urgence où elle a craint d'y laisser la peau… Un jour, devant se rendre au Canada pour un concert, elle a refusé de remonter dans un avion et a emprunté le train… pour arriver à sa destination avec deux jours de retard !

Jennifer Aniston s'est retrouvée au milieu d'une violente tempête lors d'un vol Toronto-New York et a depuis développé une phobie de l'avion.

Ben Affleck, lorsqu'il avait 9 ans, s'est lui aussi retrouvé au milieu d'un orage… Cet épisode l'a marqué à vie, et il a depuis tendance à prendre des relaxants avant les vols.

Colin Farrell a récemment confié : « Je déteste prendre l'avion, je suis toujours stressé, j'ai les mains moites et je focalise sur le bruit du moteur. Dès que je l'entends tourner différemment, cela m'inquiète. »

« La seule consigne de sécurité que je donne aux passagers pour leur survie, c'est de ne pas toucher à leurs plateaux repas. »

Florence Foresti,
alias Brigitte l'hôtesse de l'air

PARTIE 2

IVRESSE DES HAUTEURS

Mieux vaut un pilote plein
qu'un réservoir vide.

Anonyme
(mais souvent entendue
au bar de l'Escale)

Un accro du zinc

Mon amie Christine est une jolie navigante brune d'une cinquantaine d'années, alpiniste à ses heures. Aujourd'hui retraitée, elle a débuté sa carrière comme hôtesse de l'air à la fin des années 1970. Elle décrit une autre époque, celle où tout était permis dans les compagnies aériennes. La France buvait… beaucoup. Dans tous les milieux : sur les chantiers, dans le monde rural, au cours des repas d'affaires… et dans les cockpits. C'était même légal : un quart de vin, à condition de le prendre avec son plateau-repas.

Christine sourit : « Ça, c'était le règlement officiel. C'est pourquoi, quand les pilotes en redemandaient, je leur répondais que je ne pouvais pas… Alors, ils se levaient et allaient se resservir directement dans notre espace "cuisine" – le *galley* – sans prendre en compte mes rappels au règlement. En ce temps-là, les commandants de bord étaient encore tout-puissants, tels des demi-dieux que nous étions tenus de vouvoyer. En cas de conflit avec l'un d'entre eux, l'entreprise nous donnait systématiquement tort. L'un de ces commandants de bord, un certain Martin, était connu pour être carrément alcoolique. Ce jour-là, nous devons repartir de Bangkok vers Paris. Les hôtesses de l'équipage et notre chef de cabine principal sont réunis dans le hall de l'hôtel, attendant la navette, que l'on appelle le "pick-up". Effarés, nous voyons alors descendre le commandant de bord soutenu par ses deux jeunes copilotes. La réalité nous saute au visage : il est rouge comme un barbecue. Complètement alcoolisé.

« En voiture, nous discutons avec les jeunes copilotes pour trouver une solution. Ils nous expliquent qu'ils ne peuvent rien faire, qu'ils ne seront pas soutenus par la compagnie s'ils refusent de faire le vol avec ce commandant de bord. La situation est terrible : nous allons risquer notre vie et celle des 500 passagers à bord de ce Boeing 747. Les copilotes en rajoutent une couche en nous racontant qu'ils ont dû aller "le chercher dans sa chambre, qu'il ne s'est pas réveillé, qu'il a juste dormi quelques heures après une soirée bien arrosée et qu'il n'était même pas en état de s'habiller seul". »

Finalement, Christine, ses collègues et les passagers seront sauvés par le chef de cabine principal. « Un type expérimenté, en fin de carrière, qui avait de la bouteille, mais pas comme celle de notre commandant de bord. Il a décidé de faire jouer son droit de retrait et a débarqué. Le chef d'escale a fait pression sur nous, car il n'avait qu'une obsession : voir l'avion partir. Mais nous avons tenu bon. Finalement, l'entreprise a cédé et on nous a envoyé un nouveau commandant de bord. L'avion est parti avec "seulement" deux heures de retard. »

C'était il y a trente ans, mais le problème de l'alcoolisme chez les navigants existe toujours…

Le saviez-vous ?

Tchin-tchin

Boire une coupette de champagne pour se détendre et affronter sa peur de l'avion est une bonne idée, mais, attention, vous serez plus facilement ivre en vol. Cela est dû à un phénomène physiologique : la cabine étant pressurisée, l'air y est moins dense qu'au sol. Par conséquent, moins d'air pénètre dans le sang. L'alcool y afflue donc plus vite. C'est pourquoi nous sommes saouls plus rapidement.
Pour information, en moyenne, l'équivalent d'une quarantaine de bouteilles de vin de 75 cl est servi aux passagers sur un vol long-courrier à bord d'un Boeing 777.

À la santé d'Aeroflot !

Début février 2009, une nouvelle affaire d'alcoolémie met cette fois en cause la compagnie Aeroflot sur le vol 315 Moscou-New York. Les passagers d'un avion de ligne russe ont exigé qu'un pilote soit expulsé de l'appareil juste avant le décollage. Motif : l'homme était visiblement éméché, en tout cas incapable de prononcer normalement son discours de bienvenue selon une journaliste du *Moscow Times* présente à bord.

Plus de 100 passagers ont signé un document pour en témoigner. Et ils ont obtenu gain de cause. Trois heures plus tard, l'équipage a été remplacé.

« Je ne pense pas qu'il y ait une seule personne en Russie qui ne sache à quoi ressemble une personne en état d'ébriété », a fait remarquer Katia Kouchner, une des passagères.

La compagnie Aeroflot a publié un communiqué pour indiquer que le pilote avait peut-être subi une attaque juste avant le décollage…

Comme s'interrogeait avec beaucoup d'humour un passager : « Aeroflot va-t-elle devoir changer de nom ? »

Bonne question…

Un petit dernier... pour le vol

Était-ce dû à la morne météo anglaise, à ce crachin qui donne envie de rester un peu plus longtemps au pub ? En octobre 2008, un commandant de bord a été pris la main dans le sac – ou plutôt sur la bouteille – à l'aéroport de Londres-Heathrow. Alors que, selon un témoin cité par le journal britannique *The Sun*, il peinait à mettre un pied devant l'autre, ce pilote de ligne de la compagnie United Airlines, âgé de 44 ans, a tenté de rejoindre son appareil pour le faire décoller à destination de San Francisco.

Son projet n'a pas fait rigoler le personnel au sol de la compagnie, qui a tout de suite prévenu la police (il faut dire que la réglementation sur l'alcool d'United Airlines est la plus stricte du secteur et qu'ils n'ont aucune tolérance en la matière). La maréchaussée britannique a fait souffler l'individu dans le ballon avant de le remettre en liberté sous caution, mais il a heureusement été immédiatement suspendu.

Le saviez-vous ?

Un verre ça va...

La limite de l'alcoolémie légale est de 0,2 g par litre de sang pour les pilotes européens.
Mais la France, elle, n'a pas introduit cette disposition. Il y est interdit à tout pilote de consommer de l'alcool dans les 8 heures précédant un vol.

Un sacré coup dans l'aile

Il y a quelques années, deux pilotes ont tenté de faire décoller un Boeing 747 depuis La Réunion après avoir siroté des ti-punchs toute la nuit et avalé des médicaments destinés à les déstresser.

Ils se sont finalement enfuis de l'aérogare sous l'œil médusé des touristes et se sont fait rattraper par la police… à leur hôtel.

Parfois, lorsque je suis en avion au-dessus des Alpes, je me dis : ça ressemble à toute la cocaïne que j'ai sniffée.

Elton John

Lucy in the sky

S'il est admis que les pilotes pratiquent un métier stressant, une dérive inquiète certaines directions de compagnies aériennes. Sur le secteur long-courrier, il est notoire que des navigants n'hésitent pas à ingérer différents produits afin de tenir le coup face au décalage horaire, aux nuits courtes et au stress. Il y a quelque temps, on ne parlait que de somnifères pour dormir et de vitamines pour se doper. Aujourd'hui, certains ont franchi la ligne jaune : amphétamines, coke, cannabis. Et, accessoirement, ils deviennent dealers.

Quinze membres d'équipage d'un vol d'une compagnie aérienne sud-africaine ont été arrêtés à l'aéroport londonien de Heathrow après la découverte de 50 kilos de cannabis à bord de leur avion. La drogue, d'une valeur estimée à 150 000 euros à la revente, avait été cachée dans trois bagages en provenance de Johannesburg.

« Toute ma vie, j'ai rêvé d'être une hôtesse de l'air... » (*hips*)

Valérie, une jolie hôtesse de l'air, est en train de préparer un vol dans le *galley* avant d'un avion, tout en discutant avec une de ses collègues. Elles se racontent des anecdotes et en rient. L'avion, un Airbus A 319, est stationné « au large » – c'est-à-dire qu'il n'est pas au contact d'une passerelle le reliant à l'aérogare. Les passagers ne vont plus tarder à arriver par la navette.

Soudain, Valérie entend du bruit sur la passerelle et s'en étonne. Elle voit alors pénétrer dans l'appareil une hôtesse de la compagnie, portant le même uniforme qu'elle, qui se montre totalement incohérente. La jeune femme s'intègre dans l'équipe, mais toutes ses tentatives pour préparer le vol se soldent par des échecs, tant elle est maladroite. Elle fait tomber de nombreux plateaux et finit par s'étaler de tout son long…

Valérie se rend vite compte que cette dernière ne fait en réalité pas du tout partie de l'équipage. Elle s'approche d'elle et renifle une forte odeur d'alcool : sa collègue est ivre morte. Il n'est pourtant que 3 heures de l'après-midi ! Quand Valérie lui explique que ce vol est à destination de Biarritz, la navigante éclate d'un rire bruyant. Elle s'est plantée d'avion !

Tenant à peine sur ses jambes, elle redescend péniblement la passerelle et s'engouffre dans un autre appareil stationné au sol. Elle a cru – encore une fois – y reconnaître son vol…

Cette fois au moins, ce ne sont pas les passagers qui trinquent !

Partie de jambe en l'air

Début août 2014, entre Hammamet et Édimbourg, une femme qui voyage sur le vol d'une compagnie britannique attaque subitement les hôtesses de l'air, réclamant des cigarettes et un parachute pour aller s'en griller une ! En professionnelles aguerries, les navigantes sont habituées aux accès de folie en altitude. Mais les choses se corsent quand la passagère, qui titube sérieusement, décide de se servir de sa prothèse de jambe pour frapper l'équipage à coups de pied… artificiel.

Face à la scène, les enfants sont terrorisés, et c'est une belle pagaille à bord… Le pilote de l'avion est alors contraint de dérouter l'avion pour un atterrissage d'urgence à Gatwick, avec remise de l'unijambiste aux autorités locales.

« On avait plus que nos deux jambes pour marcher jusqu'à Édimbourg ! » conclut un passager.

PARTIE 3

TÊTES EN L'AIR

Le saviez-vous ?

Les rois des bourdes

En 2009, une étude diligentée par l'Administration de l'aviation civile américaine (Federal Aviation Administration, FAA) s'est intéressée aux données de plus de 9 000 vols internationaux. Les résultats font froid dans le dos : environ deux tiers des pilotes commettent des erreurs de paramétrage d'ordinateurs de bord ou ont tout simplement des difficultés à contrôler manuellement leur appareil. Certains d'entre eux manqueraient cruellement de connaissances aéronautiques et techniques pour contrôler la trajectoire de leur avion, notamment parce que « les méthodes d'entraînement actuelles, les simulateurs et le temps alloué à la formation » ne permettent pas de maîtriser des systèmes aussi complexes. Heureusement, dans la plupart des cas cependant, les pilotes arrivent à rectifier d'eux-mêmes leurs erreurs ou ont un bon copilote capable de pallier leurs insuffisances.

Conclusion de la FAA, « les pilotes ne savent plus piloter » : l'étude des causes de 46 accidents a montré que le développement des pilotes automatiques et des systèmes automatisés dans les avions de ligne a quasiment transformé les pilotes en passagers : « Les pilotes ne prennent les commandes manuelles que durant les décollages et les atterrissages. Ensuite, durant le vol, l'informatique prend le relais dans les avions de dernière génération. » Bref, les pilotes ne savent plus quoi faire en cas de panne du pilote automatique.

Quand on pense que 300 000 dollars viennent d'être débloqués aux États-Unis pour réfléchir à un grand programme d'avions sans pilotes, dirigés depuis le sol, on a des raisons de se rassurer.

Oups, on a oublié le train d'atterrissage

Juste avant Noël, le 21 décembre, deux pilotes d'une compagnie taïwanaise se sont surpassés. Tandis qu'ils effectuent des vols d'entraînement entre l'aéroport régional de Taitung et Green Island, ils décident de pratiquer une simulation de panne moteur au moment de l'atterrissage. C'est un grand classique de l'entraînement, souvent réalisé en simulateur. Mais l'exercice en conditions réelles change la donne, car il permet de prendre en compte la gestion du stress.

Tout concentrés qu'ils pensaient être, les deux comparses ont oublié de sortir le train d'atterrissage ! Ils se sont alors posés en catastrophe sur le ventre, dérapant sur une distance d'environ 200 mètres avant de s'arrêter, toujours sur la piste. Les équipes d'intervention sont aussitôt arrivées sur place.

Plus de peur que de mal pour les pilotes, qui ont été suspendus, mais l'aéroport a été fermé pendant deux bonnes heures, le temps de dégager le Dornier Do 228-212 à l'aide d'une grue…

Le saviez-vous ?

Bon pied, bon œil

Dans l'aviation, quand le train d'atterrissage n'est pas correctement sorti, une alarme sonne de façon continue. Parfois les navigants ne l'entendent pas car, en cas de stress, l'ouïe est le premier sens que l'on perd… On appelle aussi cela la « tunnelisation » : ils sont focalisés sur autre chose.

Ça plane pour moi

Il y a quelque temps, un avion d'une compagnie aérienne australienne low-cost doit faire une remise de gaz in extremis lors de son atterrissage sur l'aéroport international de Singapour, à une altitude très faible, de moins de 150 mètres du tarmac. L'ordinateur de bord venait de signaler que le train d'atterrissage n'avait pas été sorti !

Après une rapide enquête sur les causes de l'incident, il s'avère que l'un des deux pilotes était en train d'envoyer un SMS avec son téléphone portable lors de la procédure d'approche. Mais que faisait donc l'autre pilote pour ne pas réagir ? Lisait-il le SMS ? En recevait-il un, lui aussi ?

Oublié dans les toilettes

Une hôtesse d'une grande compagnie raconte que ses collègues ont oublié un homme dans les toilettes d'un avion après le départ des passagers. Celui-ci a été retrouvé quelques heures plus tard par une équipe de ménage, victime d'un arrêt cardiaque. Aucun membre de l'équipage n'avait pensé à vérifier, au moment du débarquement…

Plus chanceux, un passager américain d'une autre compagnie nationale a été oublié dans un avion qui venait d'atterrir à Houston, en provenance de Louisiane. Tom devait prendre sa correspondance et monter dans un avion en direction de la Californie, mais il s'est réveillé dans le noir, enfermé dans l'appareil.

Il a réussi à appeler sa fiancée avec le peu de batterie qui lui restait. Mais celle-ci a cru à une blague et manqué de raccrocher ! Tom sera finalement secouru par des employés envoyés par la compagnie. Pour se faire pardonner, celle-ci lui a « généreusement » offert une nuit d'hôtel et un dédommagement de quelques centaines d'euros.

« Que ce serait-il passé si j'avais eu un malaise ? Je serais mort seul dans cet avion ? », se demande-t-il, remonté contre les autres passagers qui l'ont laissé dormir…

Des pilotes au bout du rouleau

Aux États-Unis, certains pilotes travaillant pour de très petites compagnies régionales gagnent autour de 18 000 dollars par an, c'est-à-dire moins que le salaire d'un conducteur de bus. Ils peuvent parfois voler jusqu'à 60 heures par semaine, soit le double de ce qui est réglementé.

Ces pilotes restent en permanence dans leur avion, y compris pour dormir. Ils campent littéralement à bord, s'allongeant sur les sièges des passagers. « Vous n'avez pas l'air très professionnel après avoir dormi une nuit dans un avion », témoigne l'un d'entre eux. Tout cela est pourtant légal, car la réglementation impose simplement un repos de huit heures entre chaque vol.

Atterrissage sans les mains

Le 12 février 2014, sur le vol Birmingham-Belfast, tout se passe bien jusqu'à l'atterrissage.

L'avion rebondit assez fort et assez sec sur la piste, au point que certains passagers croient à une remise de gaz. Finalement, le pilote se pose sur la piste, finit par freiner et dégage par une bretelle vers l'aérogare. Les 47 passagers sont un peu secoués.

Il faut dire que, avec une seule main, il est moins aisé de poser un avion qu'avec deux. Le pilote a en effet eu un petit souci : ayant été amputé d'un bras, il porte une prothèse qui est fixée avec une pince sur les commandes de vol. Pas de chance, ce jour-là, au moment crucial, elle s'est détachée. Le commandant, très expérimenté, a dû choisir de contrôler avec sa seule main valide soit la vitesse, soit la trajectoire. Compte tenu de la nécessité de réagir rapidement dans cette phase très pointue du vol, il a choisi de ne pas confier – à l'arrache (!) – les commandes à son copilote et de gérer seul cette situation demandant du doigté.

Ayant correctement tenu la trajectoire mais ne pouvant réduire la vitesse pour cause de prothèse en grève, l'avion est arrivé trop vite sur la piste. Mais comme disent les vieux instructeurs à propos des atterrissages : « Posé, pas cassé, c'est gagné. »

Du coup, on a envie d'applaudir… mais d'une seule main ! Désormais, l'aviation civile anglaise exige que ses autres pilotes amputés au niveau d'un bras (ils sont quatre) apprennent à effectuer la manœuvre de ce commandant de bord en cas de perte de prothèse.

Les pilotes amputés de deux bras sont également autorisés à piloter, leur prothèse devant répondre aux standards des pièces détachées de l'aviation, tout comme ceux amputés en dessous ou au-dessus de l'un ou des deux genoux.

Les principaux handicaps interdisant le vol commercial sont le daltonisme, une perte sévère de l'audition, la goutte ou la maladie d'Addison.

Dans cette même compagnie, un commandant de bord un peu remuant, un peu « grande gueule », a été licencié après que des copilotes l'ont balancé : « Il effectuait un atterrissage en levant les mains en l'air pour montrer que l'avion pouvait atterrir en mode tout-automatique. »

La Terre vue du ciel

De nombreux pilotes se plaisent à dire qu'ils travaillent dans le plus beau bureau du monde. Ainsi sur Instagram fleurissent une multitude de photographies particulièrement réussies de paysages prises d'avion : des nuages au-dessus des gratte-ciel de New York, une vue du Mont-Blanc, un magnifique coucher de soleil sur San Francisco ou une éclipse de lune... Nombre d'entre elles mériteraient de figurer en bonne place dans le magazine *Géo*.

Petit problème : ces clichés sont réalisés en totale illégalité. Selon le magazine américain *Quartz,* qui a enquêté pendant six mois sur le phénomène, les règlements des administrations de l'aviation civile, américaine comme européenne, interdisent formellement de se détourner du pilotage pour se consacrer à une autre activité.

Car, quand les photographes en herbe ont les doigts sur le déclencheur de leur Nikon, ils n'ont plus les mains sur les commandes ni le cerveau concentré sur les messages radios. Le danger est réel. D’autant que les clichés sont pris au cours des phases les plus critiques des vols : pendant l’approche et l’atterrissage, quand l’avion est à basse altitude et à basse vitesse !

Le saviez-vous ?

Daltonien... et pilote

Un pilote français a cru que son rêve allait s'envoler en découvrant qu'il était daltonien. N'acceptant pas cette fatalité, il a décidé de tricher : il a trouvé sur Internet les planches d'Ishihara qui permettent de détecter ce trouble. Il les a apprises par cœur afin de passer sans problèmes la visite médicale du personnel navigant à l'hôpital. Bien vu, les passagers apprécieront...

Le marchand de sable est passé

Franck, un entraîneur de rugby du Sud-Ouest de la France, et sa femme s'envolent pour la station balnéaire de Charm el-Cheikh, en Égypte. Décollage de Roissy dans un avion d'une compagnie égyptienne à moitié vide, car « hors saison ».

Sitôt après la montée de l'appareil, les passagers médusés voient le commandant de bord, mal rasé, et bâillant à s'en décrocher la mâchoire, aller s'asseoir au fond de l'avion pour entreprendre de piquer un petit somme, allongé en travers de plusieurs sièges.

Inquiet, Franck se lève et lui secoue fermement l'épaule. Dans un anglais malhabile, le commandant de bord lui explique qu'il est épuisé, car il enchaîne les rotations, et que son salaire ne lui a pas été versé depuis trois mois ! Le rugbyman commence à stresser et prend un regard méchant. L'Égyptien finit par comprendre que la situation risque de mal tourner et se lève en grommelant pour rejoindre son poste dans le cockpit.

Dans les bras de Morphée

Selon le *Times of India*, il y a quelques années, un avion d'une compagnie indienne a raté sa destination à Bombay parce que les deux pilotes se seraient assoupis. L'avion avait quitté Dubaï (Émirats arabes unis) vers 1 heure du matin pour atterrir à Jaïpur, un État indien du Rajasthan, situé au nord-ouest, vers 7 heures. De là, l'appareil s'était envolé pour Bombay. Lorsque les aiguilleurs du ciel de la zone de Bombay contactèrent l'équipage pour les procédures d'atterrissage, l'aéronef, en pilote automatique, poursuivait sa route à l'altitude de croisière vers la station balnéaire de Goa, plus au sud.

« C'est seulement quand l'avion est entré dans l'espace aérien au-dessus de Bombay que la tour de contrôle s'est rendu compte que les pilotes ne répondaient pas », a affirmé le journal indien. Comme souvent dans ce genre de situations mettant en jeu l'image de l'entreprise, la compagnie a vigoureusement démenti les faits. Son porte-parole a cependant reconnu que l'avion avait raté sa destination, mais en raison d'un « problème de communication ».

Un an plus tard, le pilote et le copilote d'un Airbus A 320, qui assurait le vol 188 entre San Diego (Californie) et Minneapolis (Minnesota), dépassèrent de 240 km l'aéroport où ils devaient atterrir dans la nuit de mercredi à jeudi avec 147 passagers à bord. Ils auraient traversé deux États sans répondre aux contrôleurs aériens ni aux pilotes d'autres avions à proximité ayant tenté de les contacter sur leurs portables, par des messages radio et via leurs écrans.

Quand il est apparu que le plan de vol n'était plus respecté, quatre avions de chasse de l'armée de l'air américaine ont été mis en alerte, prêts à décoller. Car, aux États-Unis, depuis le 11-Septembre, on ne rigole plus du tout avec la sécurité.

Finalement arrivés à bon port après avoir fait demi-tour, les navigants ont expliqué qu'ils étaient en plein débat passionné et n'avaient rien entendu. S'étaient-ils endormis en réalité ? Seule certitude, c'est une hôtesse qui, trouvant le vol particulièrement long, serait allée voir l'équipage et l'aurait alerté.

Les passagers, eux, n'avaient rien remarqué.

Le moteur est le cœur de l'avion,
mais le pilote est son âme.

Walter Alexandre Raleigh

Oups, on s'est trompé d'aéroport

Quand un taxi se trompe d'adresse, c'est énervant, mais quand c'est un avion… Deux pilotes d'une compagnie à bas coût irlandaise atteignent des sommets.

Dans ce sketch que l'armée nationale n'a pas fini de se repasser pour oublier le crachin qui stagne sur la base de Ballykelly, nos deux as du manche ont confondu l'aéroport d'Englinton (City of Derry, en Irlande du Nord) avec une piste désaffectée de la base militaire !

Une fois l'avion stoppé, les pilotes sont surpris que l'on mette autant de temps à amener l'escabeau destiné à débarquer les passagers. Au lieu de cela, un véhicule militaire vient se garer à proximité du cockpit et des petits hommes verts en descendent. Les militaires contemplent ce drôle d'ovni avec des sourires ironiques, certains prennent même des photos de l'avion.

Les pilotes comprennent tout de suite et annoncent aux passagers leur énorme bourde : « On a atterri au mauvais endroit… ! »

En janvier 2014, un Boeing 737-700 d'une autre compagnie à bas prix se pose. « Mesdames et messieurs, votre commandant de bord, je vous souhaite la bienvenue à Branson », annonce le pilote.

Quelques minutes plus tard, une petite voix dans le micro : « Je suis désolé, mesdames et messieurs, nous avons atterri à 11 kilomètres de la piste. » Au lieu de se poser dans le Missouri, l'avion se trouvait à Taney County, à environ 7 miles de sa destination, sur une piste d'atterrissage trop courte pour un gros-porteur. Sans un freinage appuyé, l'appareil aurait pu terminer sa course… sur l'autoroute.

Bon à savoir

Comment est-ce possible ?

D'après un « pro », pilote de ligne, « une approche à vue sur un terrain proche d'un autre peut être à l'origine de la méprise. Le pilote voit une piste et se jette dessus sans réfléchir », explique-t-il. En approche à vue, c'est le pilote qui, comme avec un avion d'aéroclub, dirige l'avion. Mais, dans la majorité des cas, l'avion qui atterrit n'est pas piloté par les pilotes : il est guidé par une onde appelée l'ILS jusqu'au seuil de piste. En mode tout-automatique, l'avion peut se poser tout seul et l'un des pilotes n'a plus qu'à freiner. Cette erreur grotesque peut aussi venir d'une mauvaise programmation de la centrale de navigation… ou d'une grosse fatigue.

Dans la lune

Il y a quelques années, à Lagos, un Boeing 777 doit bientôt décoller de l'aéroport Murtala Muhammed pour Roissy. L'avion roule sur le taxiway vers la piste 36 gauche. Trois pilotes sont présents dans le poste et c'est le commandant de bord qui les dirige.

« Vous êtes autorisés à décoller », lance la tour. La « course au décollage » démarre : le pilote avance progressivement les manettes de gaz vers l'avant et l'avion s'élance. Mais, sur la piste, rien ne va se passer comme prévu. « C'est le cafouillage total » commente un instructeur qui a suivi cette affaire : le commandant de bord veut mettre plein-gaz, mais l'appui sur les manettes n'a aucun effet sur la poussée des réacteurs. Il tire sur le manche, mais les commandes sont bloquées, dures comme du bois ! Aucun des trois pilotes ne comprend la situation.

L'avion a déjà une vitesse très importante, mais un arrêt-décollage est décidé. C'est une procédure assez violente, dans laquelle le risque d'incendie des roues et des jambes de train est supérieur à 50 %. En outre, le risque de sortie de piste, en terminant dans un ravin en feu ou en s'écrasant contre des pylônes en béton n'est pas à négliger sur certains aéroports. Pour cette fois, les choses se terminent bien : l'avion s'arrête à temps avant la fin de la piste.

Prévenus par la tour, les pompiers foncent escorter l'avion pour son retour au parking. Les freins sont rouges, une roue se dégonfle, puis les autres. Les pilotes comprennent – enfin – leur « petite » erreur : ils ont engagé le pilote automatique… au sol !

Entre le mode « auto-manette », qui aurait dû être sélectionné pour le décollage, et « pilote automatique », les boutons sont proches, mais bien différents. En pilote automatique, l'avion considère qu'il se trouve en montée ou en croisière : il prend la main sur les commandes et sur la poussée des réacteurs, d'où l'impossibilité de mettre pleins gaz et de tirer sur le manche.

Cet incident révèle le manque total de concentration de la part des pilotes, qui disposent tous d'un écran situé devant eux, sur lequel apparaît le mode de pilotage sélectionné : le Flight Mode Annunciator (FMA). En instruction, les « profs » ne cessent pourtant de le rabâcher : « Lis ton FMA, car c'est ta survie ! »

Avaient-ils séché ce cours ? Aucun n'y a pensé… sur les trois pilotes présents. « Ces incidents, c'est du délire, ça ne devrait pas arriver », lance un ancien commandant de bord sur A 340.

Le saviez-vous ?

Dans la série, « les crashs pour les nuls »

Petite explication technique : la montée initiale est la phase qui suit la « rotation », au cours de laquelle le pilote en fonction tire sur le manche lorsqu'il a atteint une vitesse suffisante au sol pour que l'avion puisse être « porté ». C'est un moment critique.

Lorsque les roues quittent la piste, les pilotes surveillent le « Vario », qui indique si l'avion grimpe en altitude correctement. Ils observent aussi le fait qu'il n'y ait pas de problème dans les paramètres des moteurs et doivent procéder à deux actions capitales : rentrer les volets, ces petites plaques situées à l'arrière des ailes qui servent à une meilleure « portance » de l'avion à basse vitesse et, surtout, rentrer le train d'atterrissage. S'ils ne le font pas, le train constitue alors ce qu'on appelle en aviation une « traînée », qui retient l'avion et freine sa progression. Compte tenu de la vitesse, qui monte fortement pour atteindre 800 km/h en croisière, laisser le train sorti pourrait entraîner son arrachement. En conséquence, il pourrait percuter le fuselage et provoquer le crash de l'appareil.

La concentration doit donc être totale à ce moment-là. Un ami commandant de bord d'Air

France me confiait récemment : « Moi, je pars du principe que, dans un décollage, il y a toujours un truc qui peut merder. Et ce truc peut nous envoyer au tas. Alors je me tiens prêt, et si rien ne se passe, tant mieux, je tire sur le manche et on décolle. »

Les pilotes ne sont pas des dieux vivants

Dans les années 1990, en pleine grève des mécaniciens, alors que CRS et manifestants s'en donnent à cœur joie à proximité des pistes, à coups de matraques, de lacrymogènes et de pancartes, un Airbus A320 s'aligne pour le décollage en direction de Lourdes. Il vient de demander à la tour de contrôle l'autorisation de décoller.

Dans la tour, un contrôleur regarde avec des jumelles l'évolution de l'avion et le chahut à proximité. Mais la piste du vol concerné n'est pas occupée et il va pouvoir prendre son envol.

L'avion s'arrache à la terre, mais, au moment de la montée de l'appareil, de fortes vibrations se font sentir dans la cabine, comme si l'avion était entré dans un shaker. Ne réfléchissant pas plus loin, le commandant de bord coupe un moteur, considérant que celles-ci en provenaient. Mais elles continuent. Dans un élan irréfléchi, il commet alors une faute grave : il coupe le deuxième moteur !

Petit souci : un Airbus A320 ne possède que deux moteurs. Or, un avion de ligne de 77 tonnes n'est pas fait pour planer. Pire, des moteurs d'avion ne se rallument pas aussi simplement que dans une voiture, en tournant la clé de contact ou en passant la deuxième tout en débrayant.

Les vibrations continuent de plus belle et le commandant de bord lance alors un appel de détresse, un « May Day », comme dans les films catastrophe. Il se rend aussi compte de son incroyable bourde : les vibrations provenaient du train d'atterrissage non rentré ! L'avion dégringole. Il plonge vers le sol de la banlieue parisienne. Les pèlerins à bord sortent les chapelets et attaquent méthodiquement le Notre Père… plus très sûrs de terminer la journée dans la grotte de Bernadette Soubirous.

Heureusement, l'équipage a finalement réussi à rallumer le premier moteur à 800 pieds (environ 250 mètres d'altitude), au-dessus des toits de Villeneuve-Saint-Georges.

Une fois les moteurs repartis, le pilote voulait poursuivre son vol, considérant sans doute qu'il était de bon ton d'aller déposer un cierge par passager dans la grotte miraculeuse et d'y laisser la béquille du train d'atterrissage, comme le font les invalides retrouvant l'usage de leurs jambes. Mais le contrôle aérien lui a demandé de faire demi-tour…

Bug

Comment peut-on expliquer une erreur aussi monstrueuse ?

« Les manifestants envahissaient les pistes et je pense que le pilote n'a pu s'empêcher d'observer ces événements lors du décollage », explique un correspondant. À moins que, comme le pense un témoin de l'époque, cette erreur ne soit due à un mauvais réflexe : « Ce navigant technique venait de participer à des séances d'entraînement sur un simulateur qui présentait une fâcheuse tendance à buguer. Je pense que, plutôt que de le réinitialiser quand il plantait, ce qui représentait une importante perte de temps, les pilotes avaient remarqué que, en coupant les deux moteurs et en faisant "reset", le simulateur repartait correctement et immédiatement. J'imagine qu'il a eu un moment d'absence et a reproduit instinctivement les mêmes gestes. Seulement, à bord d'un avion en altitude, on risque sa vie et celle de ses passagers si les moteurs restent en carafe. » Une autre rumeur circule encore chez les navigants : le commandant de bord, dépressif, aurait voulu se suicider.

Comment reconnaît-on une hôtesse de l'air dans un supermarché ?
C'est la seule qui cherche le frein du Caddie.

PARTIE 4

LE SEPTIÈME CIEL AVANT TOUT

Bon à savoir

Peut-on faire l'amour dans un avion ?

S'envoyer en l'air, littéralement, voilà un fantasme partagé par de nombreux passagers ! Les navigants ont l'habitude d'assister à ces galipettes aériennes qui se déroulent la plupart du temps... dans les toilettes.
« C'est même prévu, plaisante Pierre, steward sur long-courrier, puisqu'il y a deux masques à oxygène à l'intérieur. » La réalité est plutôt d'ordre technique : les masques sont tous construits en double...
Alors, que risque-t-on si l'on se fait prendre ? Rien du tout sur les compagnies occidentales. « En général, on laisse faire et on se marre entre nous, raconte-t-il. Et puis, cela laisse un souvenir impérissable à nos passagers. » L'excitation est à son comble, car on peut se faire prendre la main dans le string – les hôtesses et stewards pouvant ouvrir la porte des toilettes depuis l'extérieur...

Le club des 30 000 pour s'envoyer en l'air

Dans le secteur des navigants, une organisation suscite toutes les rumeurs et les fantasmes : il s'agit du « Mile High Club » – en français, le « club des 30 000 ».

Créé officiellement au début des années 1960 par Don Thomas, un pilote de l'US Air Force aujourd'hui décédé, ce club est ouvert à tous, à condition de s'être déjà envoyé en l'air – au sens propre du terme : le chiffre de 30 000 ne définit pas le nombre de ses membres, car certains ne s'en vantent pas, mais l'altitude d'un avion de ligne. Le « MHC », pour les habitués, est donc le club officiel de ceux qui ont eu des relations sexuelles à 30 000 pieds.

À l'origine, il était réservé aux pilotes, hôtesses et stewards en exercice au moment des faits. Désormais, les conditions ont été élargies aux passagers. Aujourd'hui, pour devenir un « Milehigh-clubber », il suffit d'avoir fait l'amour à plus de 5 280 pieds d'altitude, soit un mile de hauteur

(1,6 km). On peut même acheter un discret pin's à 3 dollars pour marquer son appartenance ! En discutant avec une copine Commandant de bord, celle-ci file vers sa valise et me sort fièrement un pin's du club, qu'elle arbore parfois à sa veste. De petites compagnies d'avions de tourisme se sont lancées sur le créneau. Dave Mac Donald est le directeur exécutif de Flamingo Air, une petite compagnie de l'Ohio qui a initié des centaines de clients depuis 1991 : « Nous proposons des vols romantiques pour un tarif de 425 dollars. »

Bon à savoir

Un peu d'histoire

L'origine du « Club des 30 000 » remonterait en réalité au début du XXe siècle, dans des circonstances particulièrement rocambolesques, qui figurent dans les statuts de l'association. Lawrence Sperry, un pilote casse-cou, constructeur de planeurs, n'a cure des usages. Né à Chicago en 1892, fils d'un ingénieur aéronautique, et lui-même aviateur fortuné, il est à ses heures perdues collectionneur de femmes. Il décide de se diversifier en enseignant le pilotage à la bonne société new-yorkaise. Sa victime du jour est Waldo Polk, une jolie veuve. Décollage depuis un lac à bord d'un hydravion à coque Curtis. Une fois en l'air, Sperry enclenche un système qu'il a lui-même récemment mis au point : le pilote automatique, un miracle de la technologie qui permet d'avoir les mains libres. L'impudent peut ainsi se jeter sur sa maîtresse. Mais, au cours de leurs ébats mouvementés, il donne malencontreusement un coup dans une manette, et l'avion chute du septième ciel. Malgré les tentatives de Sperry pour reprendre la main, l'appareil finit par s'échouer tant bien que mal dans un lac de South Bay. L'avion est détruit, mais le couple en vie : il sera secouru par des chasseurs de canards, qui trouvent les deux amants nus dans le cockpit !

Un crash pour cause de galipettes

Près de quatre-vingts ans plus tard, l'histoire ressemble à s'y méprendre à celle de Lawrence Sperry et de son hydravion-lupanar.

En 1991, la veille du réveillon de Noël, un Piper Archer, petit avion de tourisme, se crashe dans le Rainbow Lake, en Floride, tuant ses deux passagers. « L'examen de l'épave a révélé que les occupants étaient partiellement vêtus, les ceintures et harnais détachés, et le siège avant droit était en position inclinée. » Le très sérieux National Transportation Safety Board (NTSB) américain, l'équivalent de notre Bureau d'enquêtes et d'analyses (BEA), conclut prosaïquement que le commandant de bord avait été « absorbé par d'autres activités que la conduite de l'aéronef ». Amérique puritaine, tu nous feras toujours sourire.

Conseils pratiques pour le septième ciel

Sur le site officiel du Mile High Club, on peut lire les témoignages de pilotes, d'hôtesses de l'air et de passagers. Tous les styles se côtoient, du pur porno hard à des anecdotes plus poétiques.

Une passagère fête ainsi ses 40 ans avec son mari en rejoignant le club entre Londres et New York. Deux autres amoureux racontent qu'ils se sont mariés à la descente de l'appareil et eurent beaucoup d'enfants.

Phil Kessler, le directeur d'une société high-tech californienne, a repris le site officiel du club des 30 000 en 1997. Il évalue à plusieurs millions ses membres à travers le monde. Difficile à quantifier, car il n'existe pas de carte de membre ! « Le durcissement des règles de sécurité dans les avions n'a pas empêché notre fédération d'exploser », indique-t-il sans rire. Et l'homme de se montrer disert sur les conseils pratiques : « La meilleure façon de nous rejoindre est de choisir les vols de nuit, car ils ne sont pas bondés et la plupart des passagers dorment. Deux solutions s'offrent aux amants : se cacher sous les couvertures fournies par les compagnies ou se rendre aux toilettes, mais, en raison de l'exiguïté du lieu, il est recommandé d'être particulièrement souple. »

Les ailes du désir

Le sexe en altitude est un vieux rêve freudien : s'affranchir de la pesanteur, braver les interdits, accomplir un exploit, rapporter au sol un souvenir inoubliable… les tentations sont grandes.

Certains « people » en font les frais.

Le comédien britannique Ralph Fiennes, connu pour son rôle incroyable dans *La Liste de Schindler*, en a fait la cuisante expérience sur le vol QF 123 de la compagnie australienne Qantas entre Darwin et Bombay, le 24 janvier 2007.

Une hôtesse manque de s'évanouir en voyant son acteur fétiche s'installer sur le fauteuil 2K en *business class*. D'après le témoignage de certains passagers, direction les toilettes, où ils font plus de bruit que les réacteurs de l'avion, ce qui alerte un steward !

Les deux intéressés démentent, mais une chose est sûre, la navigante a été aussitôt licenciée par la compagnie. Pire, l'affaire s'est ébruitée et a fait la « une » des tabloïds anglais – rendant furax la fiancée officielle de l'acteur.

Bar à hôtesses

Les aventures érotiques en altitude concernent plus les passagers que les pilotes. On préfère généralement que ces derniers soient dans le cockpit, les mains sur les commandes, plutôt que bloqués dans les toilettes avec une passagère pendant que l'appareil perd l'un de ses moteurs.

Il existe une affaire qui est bien connue du secteur : il y a quelques années, un commandant de bord d'AOM, une compagnie française aujourd'hui disparue, a, à plusieurs reprises, confondu le cockpit avec le « Pink Paradise », une boîte parisienne où les jeunes femmes se déshabillent devant les clients. Il y invitait des hôtesses de l'air à venir faire des strip-teases, en plein vol. Pour ajouter du piquant à cette merveilleuse idée, il les filmait sous l'œil égrillard de ses collègues, ravis du spectacle, mais qui ne pilotaient plus…

Sur la vidéo, toujours visible sur Internet, on entend le commandant de bord s'exclamer : « Tu sais, Stéphanie, si tu sonnes chez moi à 11 heures du soir, je ne te laisserai pas sur le palier. »

« Regarde-moi ce galbe ! », commente un autre membre de l'équipage en caressant le sein d'une des employées. Bonne ambiance. Mais surtout belle postérité pour ces jeunes femmes dont les prestations sont maintenant – et sans doute à vie – en ligne sur la Toile.

Vols de nuit

Dans le New Hampshire, William Dino a créé en 2013 la société « yourfantasticflights », destinée à une clientèle âgée de 20 à 60 ans, qui organise presque légalement, à condition d'y mettre le prix, « des baptêmes de l'air pour la Saint-Valentin ». Et c'est souvent la femme qui réserve !

Singapore Airlines s'était surpassée en aménageant douze super-suites luxueuses dans ses A380 avec des lits doubles. Contre toute attente, la très prude compagnie asiatique mit bien vite le holà de façon déconcertante : les clients qui auraient été tentés par un légitime gros câlin (les suites coûtent un bras : 6 000 euros l'aller-retour Singapour-Sydney !) en altitude en seraient pour leurs frais : « Il y a des choses acceptables à bord d'un avion, d'autres moins, et les règles applicables dans les lits doubles sont les mêmes que dans tout l'avion », a expliqué un austère représentant de la compagnie au magazine *Times*.

« Si des couples devaient employer nos lits doubles pour des activités inappropriées, nous leur demanderions poliment de cesser », a-t-il menacé. « Ils vous vendent un lit double, de l'intimité et le champagne à gogo, mais ne cautionnent pas les envies naturelles ? » s'était alors étonné Tony Elwood, un sémillant passager australien de 76 ans ayant réservé une des suites avec sa femme.

Les Anglais sont, quant à eux, bien plus *fun* : sur la petite compagnie Mile High Flights, basée dans le comté de Gloucestershire, à bord d'un Piper spécialement aménagé, le baptême du septième ciel était possible sans risque, avec coupe de champagne en vol et remise d'un diplôme à l'arrivée.

Coût de l'escapade : environ 300 euros pour une demi-heure et jusqu'à 1 000 euros pour une heure et demie. Malheureusement, l'aviation civile anglaise a fini par refuser le certificat du transporteur aérien…

Des pilotes lourds comme des Airbus

Ce livre n'est pas anti-pilotes, mais nous ne pouvons résister au plaisir de les tacler gentiment. Car d'aucuns le méritent… Question drague, certains n'ont pas lu le bon manuel et pensent que le port de l'uniforme va faire le travail seul. « Ce qui me fait marrer, raconte Peter, un ami steward chaud lapin, c'est qu'au niveau drague des hôtesses et des jolies passagères, on a toujours une longueur d'avance sur les pilotes, car ils sont enfermés dans le cockpit, alors que nous, sur la durée d'un vol long-courrier, on a tout le temps de se rapprocher de nos cibles. Nous travaillons plus sur la gentillesse et l'humour que sur l'attrait de l'uniforme. » Efficacité redoutable ! Peter enchaîne les conquêtes au fil de ses rotations.

Alors, certains pilotes tentent de se rattraper à l'hôtel. Une jolie hôtesse de l'air aux grands yeux bleus raconte : « J'étais épuisée par une rotation difficile et, au moment de me coucher dans ma chambre, j'entends frapper à ma porte… J'ouvre, et je reconnais alors le commandant de bord qui me dit : “Salut ! Dis, je n’ai pas de chauffage dans ma chambre, je peux venir me réchauffer chez toi ?”

« Je lui conseille d’appeler le numéro de la réception, qui saura régler son problème d’intendance, mais il insiste plus que lourdement. Je lui demande fermement de partir, mais il a déjà entrepris de se déshabiller, sans prendre en compte mon refus. Il se met à marcher à quatre pattes sur mon lit pour atteindre les oreillers, quand, soudain, j’entends un gros *crac* : son caleçon vient de se déchirer sur toute la longueur de son postérieur. Il s’arrête et n’ose plus bouger, comme pétrifié tant il a honte. Je ne peux réprimer un immense fou rire et lui lance en pouffant : “Écoute, il vaut mieux que tu regagnes ta chambre, mais ne t’inquiète pas, je ne raconterai ça à personne. Ce sera juste repris dans mes mémoires d’hôtesse de l’air, un jour !”

« Le lendemain, c’était notre dernier vol, et il n’a pas osé me regarder. Même avec son uniforme, je ne pouvais m’empêcher de revoir sa tête les fesses à l’air… »

« Very Bad Trip »

Tout le monde connaît la trilogie *Very Bad Trip*. Trois compères partent à Las Vegas enterrer la vie de garçon du quatrième et multiplient les soirées déjantées. Dans le genre, certaines escales de navigants sont tout aussi folkloriques…

Eliott est steward dans une grande compagnie européenne. Il aime ce mode de vie décalé qui lui permet d'avoir de nombreux jours de repos, de visiter des villes prestigieuses dans lesquelles il raffole de faire du shopping. Et il sait, dès la salle de briefing, au moment de la préparation du vol, si la mayonnaise va prendre ou pas avec l'équipage. Parfois, c'est du grand délire. « Je me souviens notamment d'une escale en Thaïlande. Nous étions six garçons, cinq stewards et un copilote. Le soir, arrivé à Bangkok, tout le monde veut faire la fête, car cette ville est sans limites. Nous décidons de lancer un challenge : chacun doit ramener une fille d'un pays différent à l'hôtel. » Et les cinq fêtards de partir en chasse dans les boîtes de nuit de la capitale. Une

Thaïlandaise, une Chinoise, une Indonésienne, une Cambodgienne et une Ukrainienne font ainsi irruption dans la suite du copilote pour une folle nuit.

« Une autre fois, raconte Eliott, un brin éméchés, nous organisons le challenge "Jésus". Objectif : marcher sur l'eau… » L'équipage est logé au rez-de-jardin d'un magnifique hôtel de Singapour. La nuit tombée, hôtesses, stewards et pilotes se mettent en tête de jeter tous les transats, tables, chaises, matelas de cet hôtel prestigieux dans la piscine… pour tenter de la traverser en marchant sans se mouiller. La direction de l'établissement, peu habituée à un tel comportement, décide alors de loger les équipages de cette compagnie dans les étages. Ce n'était pas assez pour décourager les ardeurs du commandant de bord : il apporte désormais sa piscine gonflable dans ses bagages, l'installe dans sa chambre et la remplit… pour patauger toute la nuit.

Idée reçue

L'As des as

On imagine les pilotes de ligne bronzés et pleins aux as, passant l'essentiel de leur temps en escale à boire des caïpirinhas et draguant de jolies filles dans des hôtels splendides, mais la réalité n'est pas toujours aussi attractive. Car, à force de s'envoyer en l'air, ces derniers voient leur couple battre de l'aile. D'ailleurs, le taux de divorce est très important dans la profession, et certaines épouses ne lésinent pas sur les pensions alimentaires... Un de mes copains pilotes, qui roule habituellement en BMW série 5 dernier modèle, fauteuil cuir, s'est ainsi retrouvé SDF, à devoir vivre dans un utilitaire blanc, style Citroën Jumper, comme en possèdent les plombiers ou les charcutiers sur les marchés. Et voilà comment on passe en un rien de temps d'une suite au Sheraton à un matelas dans une camionnette.

Les amants passagers

Dans l'aérien, les pilotes, hôtesses et stewards sont habitués à obtenir la plupart de leurs desiderata : ils déposent, en fonction de leur situation familiale – ou de leurs affinités électives –, des demandes de vol avec des navigants de leur choix.

Le copilote d'une grande compagnie européenne raconte qu'un jour, sur un vol long-courrier, parti se reposer dans la couchette prévue pour les navigants et ne trouvant pas le sommeil, il se rend dans la petite cuisine située juste derrière le cockpit, qui sert aux hôtesses à préparer les plateaux-repas, pour se faire un thé. La porte du cockpit étant restée ouverte, il surprend les deux pilotes se tenant tendrement par la main…

Idée reçue

Bébé à bord et billets gratuits : une légende aérienne

Bénéficier de vols gratuits à bord de la compagnie lorsqu'on est né dans l'un de ses avions ? C'est une légende ! Ces naissances impromptues arrivaient dans les années 1950-1960, mais les compagnies ont rapidement pris des dispositions – interdiction de voler après sept mois et demi de grossesse – pour y pallier.
Cependant, cela n'a jamais empêché la moindre naissance en vol : cinq bébés ont par exemple vu le jour à bord de la compagnie Iberia. Le plus vieux d'entre eux est une femme de 43 ans, prénommée Loreto (Lorette), comme la sainte patronne des aviateurs !
Chez Air France, si un tel événement arrive, on félicite les parents, on leur offre une bonne bouteille, mais pas question d'obtenir de billets à l'œil. Désormais, une femme enceinte peut prendre l'avion jusqu'au terme : les naissances dans les airs risquent d'exploser, et les navigants reçoivent une formation d'assistance à l'accouchement !

« Vous aurez l'hôtesse que vous voulez... »

Cette histoire se déroule en approche de Londres, après un vol long-courrier. Juste avant la descente, la chef de cabine plaisante avec ses collègues hôtesses. La cabine est fin prête pour l'atterrissage, les passagers sont correctement attachés. La cadre se rend dans toutes les toilettes de l'avion et en relève les abattants et les lunettes. Étrange : cela ne fait pas partie des procédures de préparation habituelles. Puis elle retourne dans le cockpit et lance un défi aux trois pilotes du Boeing 747 : « Si vous parvenez à faire un *kiss landing* sans qu'aucune des lunettes ne tombe, ce soir, vous passerez la nuit avec l'hôtesse de votre choix. »

Défi aussitôt relevé par l'équipage : le niveau de motivation est maximal. Réaliser un *kiss landing*, littéralement « se poser comme un baiser », c'est faire l'atterrissage parfait, en douceur : l'avion flirte avec le sol et touche la piste sans rebond, sans même que les passagers s'en rendent compte.

Ce soir-là, c'est possible : il n'y a pas de vent, la météo est optimale. Et les bougres qui commencent déjà à imaginer une nuit de rêve vont réussir à le réaliser : le train principal touche la piste comme si l'avion ne pesait pas plus lourd qu'un mouchoir en papier, puis la roulette de nez entre en contact avec le sol. Pari (presque) gagné : aucune lunette ne tombe ! Les pilotes exultent. Le commandant de bord manie son avion du bout des doigts et des pieds. Il freine en bout de piste et dégage par la bretelle de sortie. On les imagine bien crispés, tout en sueur dans le cockpit. L'avion se dirige maintenant sur les voies de circulation vers l'aérogare. Le plus dur a été fait. Il ne reste plus qu'à freiner gentiment et le pari sera gagné.

L'avion avance à pas feutrés vers le placeur. Ce professionnel agite ses bâtons lumineux de nuit pour faire avancer l'appareil jusqu'à une marque au sol. Celui-ci progresse toujours, le commandant de bord a les pieds sur les palonniers, il va bientôt exercer une très légère pression sur le haut de ces pédales pour freiner et s'arrêter. Mais, soudain, le placeur, qui rêvassait, se rend compte que la roue avant va mordre le repère. Comme, derrière lui, il y a l'aérogare, il n'est pas question de laisser l'avion avancer. Sortant de sa torpeur, il fait alors un geste très brusque avec ses bâtons, intimant à l'avion de s'arrêter.

Le commandant de bord sursaute et, dans une action réflexe, freine brutalement : l'avion pile littéralement et rebondit sur ses amortisseurs. Les pilotes entendent alors un bruit terrible, c'est une véritable catastrophe. Si l'avion n'a pas percuté l'aérogare, c'est bien pire : une lunette des toilettes vient de retomber !

De la jalousie dans l'air

Timothée est un copilote d'une quarantaine d'années, plutôt beau gosse, employé dans une compagnie européenne. Il est en couple avec Sarah, une jolie jeune femme, commandant de bord dans sa compagnie. L'aérien est un milieu ultra-machiste et, parfois, lorsqu'elle prend le commandement de l'avion, certains copilotes rongent leur frein. Se faire diriger par une femme, cela les énerve, mais en plus par un canon, qui plus est, fidèle à son compagnon – la plupart d'entre eux frisent la crise d'urticaire.

Un jour, Timothée vole avec un commandant de bord que nous appellerons Jean-Claude (car cela lui va si bien !). Dans le cockpit, contrairement aux apparences, on s'ennuie parfois ferme. Les temps d'attente et de croisière, où il ne se passe rien, sont fréquents. On en profite pour se raconter sa vie en long et en large, notamment les parties de jambes en l'air.

Jean-Claude commence naturellement à questionner Timothée sur sa vie amoureuse. Lequel n'a pas tellement envie de confier qu'il vient de divorcer et qu'il a « refait sa vie » avec la jolie Sarah. Mais le commandant de bord insiste : « Allez, raconte-moi, on est potes, on peut tout se dire. » Timothée finit par lâcher l'info :

« OK, je suis avec quelqu'un de la compagnie.

– Ah bon, une hôtesse ?

– Non, pas une hôtesse…

– Ah, une employée au sol, alors ?

– Non plus… »

À ce moment-là, le cerveau de Jean-Claude tourne comme un processeur d'ordinateur dernier cri Corei7. Son œil s'illumine soudain :

« Non, c'est quand même pas Sarah, la commandant de bord ?

– Bah si », lâche Timothée.

L'autre accuse le coup, se renfrogne et se fige sur les commandes, décontenancé et énervé. C'est lui qui a le contrôle pour effectuer l'atterrissage. L'avion descend assez sec vers la piste, les passagers sont maintenant attachés. Lui ne desserre toujours pas la mâchoire. Timothée le laisse mariner et reste professionnel : il l'assiste, comme le veut la répartition des tâches, sort le train d'atterrissage, s'occupe de la radio. Jean-Claude guide maintenant l'avion vers le seuil de piste. À quelques mètres du sol, il est censé tirer un peu sur le manche pour relever le nez de l'appareil et éviter que la roulette de celui-ci touche en premier la piste avec tout le poids de l'appareil. (On appelle cela « l'arrondi »). Mais il n'en fait rien.

Timothée commence à s'inquiéter, se dit que Jean-Claude va finir par tirer sur le manche, mais il ne se passe toujours rien, l'autre amorce l'atterrissage en dépit des règles, visiblement fou de rage. L'avion apponte littéralement sur la piste, fait un rebond brutal et bruyant : plusieurs racks à bagages s'ouvrent même sous la violence de l'impact. Les passagers sont totalement paniqués, mais, finalement, le commandant de bord stabilise l'appareil et parvient à freiner.

« Mais t'es complètement con ! lui lance Timothée, pourquoi est-ce que tu n'as pas fait l'arrondi ? » Pas de réponse.

Le soir, de retour à la maison, il rapporte l'anecdote à Sarah, qui éclate de rire :

« Ah, oui, je le connais, il a essayé de m'embrasser il y a quinze ans à l'aéroclub… »

Si les passagers pouvaient avoir connaissance des raisons hallucinantes qui peuvent parfois compromettre leur sécurité…

PARTIE 5

VOL AU-DESSUS D'UN NID DE COUCOUS

Idée reçue

Perchés ?

Dans le secteur de l'aérien, outre les incompétents, il y a d'authentiques malades mentaux aux commandes. On pourrait naïvement imaginer que les avions sont pilotés par des gens sains d'esprit et de corps, mais, parfois, à la célèbre question : « Y a-t-il un pilote dans l'avion ? », on pourrait répondre : « Oui, mais c'est un dingue ! » C'est difficile à admettre pour nous, pauvres passagers sans défense, mais nous sommes parfois suspendus à 11 km d'altitude dans un caisson en acier conduit par un type qui n'a pas la lumière à tous les étages... Il arrive que les pilotes soient sujets à des décompensations brutales en plein vol.

Pétage de plombs en vol

La belle cinquantaine, le commandant a le visage carré et les cheveux coupés en brosse. Baraqué, il porte des chemisettes et ressemble à un acteur, mélange de John Travolta et de Harrison Ford. Il a tout du pilote américain type : rationnel, équilibré, la tête sur les épaules, grand sourire et Ray-Ban sur le nez. Salarié idéal engagé en 1989, il peut être « déclenché », appelé pour remplacer au pied levé un collègue, même sur ses jours de repos. Il aime son métier et a très bonne réputation. Mais il est connu dans le monde entier pour avoir littéralement disjoncté en plein vol…

Un Airbus A320 décolle de l'aéroport JFK de New York avec 131 passagers à bord et six membres d'équipage, direction Las Vegas. Au bout de trois heures, le commandant se met à hurler dans la radio et ordonne à l'agent du contrôle aérien de se taire. Connu pour être très pieux, il parle ensuite de son église et annonce que l'appareil n'ira pas se poser dans ce lieu de perdition ! Les lumières de Las Vegas, capitale du vice, du jeu, de la prostitution et des mariages arrangés, représentent à ses yeux les flammes de l'enfer dans lequel il brûlera corps et âme. Quand il sort précipitamment du cockpit pour se rendre aux toilettes, son copilote en profite pour modifier le code d'accès. Dans l'aviation, on appelle cela « sanctuariser le cockpit ».

Dans la carlingue, l'homme est de plus en plus incohérent : il se serait mis à parler devant les passagers de Jésus, du 11-Septembre, de l'Irak, de l'Iran et des terroristes. Il aurait même évoqué la présence d'une bombe. Un ancien agent de la pénitentiaire, présent à bord, coupe GI et corpulence d'un Michael Moore, le maîtrise avec des menottes en plastique et… s'assoit sur lui jusqu'à l'aéroport de déroutement : Amarillo, au Texas, où le pilote est emmené sur une civière. D'après le site du FBI, il risquait gros : 20 ans de prison et une amende de 250 000 dollars.

Depuis, il a été reconnu non coupable pour cause de « folie », et poursuit la compagnie pour 16 millions de dollars. La procédure est toujours en cours…

X-Files à bord

Dans la série des dingos, un commandant de bord, qui pilote des Boeing 737, est persuadé qu'il a été « contacté ». Traduisez : enlevé par des extraterrestres…

D'après ses dires, il serait même devenu l'un d'entre eux, raison pour laquelle il refuse de serrer la main de ses collègues.

« C'est un cas lourd, résume une hôtesse de l'air. Ce qui était bien avec lui, c'est que l'on mettait deux euros dans la machine et il était parti. Le mieux pour l'approcher, c'était de dire qu'on avait été soi-même contacté… Ça marchait à tous les coups. »

Qui sait si, un jour, au cours d'un vol, ses petits amis verts ne vont pas lui ordonner de rejoindre la planète Mars avec ses passagers ?

Y a-t-il un psychiatre dans l'avion ?

Difficile à croire pour le profane : des pilotes qui ont de graves carences de formation peuvent faire d'honorables carrières, car, dans 95 % des cas, il ne se passe rien et, même lorsque survient l'imprévu, le deuxième pilote peut compenser. Par ailleurs, les avions modernes sont si bien conçus qu'ils rattrapent beaucoup d'erreurs.

Le cas du commandant de bord décédé dans le crash de la compagnie thailandaise One Two Go en septembre 2007 était largement connu de ses collègues : lors de conditions atmosphériques difficiles, il avait tendance à se pétrifier sur les commandes.

Plus grave, certains comportements relèvent de la folie pure. En novembre 2008, un Boeing 767 de la compagnie Air Canada, qui se rendait de Toronto à Londres, a dû effectuer un atterrissage d'urgence à l'aéroport de Shannon en Irlande. Le copilote se comportait de manière agressive et refusait de collaborer, blessant au passage un membre de l'équipage. Devenu incohérent et ingérable, il avait même enlevé ses chaussettes… Il a finalement dû être attaché sur un siège dans la cabine.

À l'atterrissage, direction la clinique psychiatrique, pour un vol long, sans retour cette fois.

Les pétages de plombs des stars en avion

Les stars disjonctent-elles plus que le commun des passagers en avion ? Il semblerait qu'elles soient plus sujettes à ces dérapages en raison de plusieurs facteurs, que détaille le docteur Éric Corbobesse – psychiatre et co-auteur de *Succès damné* (Fayard, 2011) : d'abord, comme les stars prennent souvent l'avion, elles ont plus de risques de vivre des situations désagréables, comme de fortes turbulences ou des orages qui peuvent renforcer une phobie. Par ailleurs, elles sont souvent mal à l'aise dans les espaces publics confinés, où elles se sentent épiées et ne peuvent se soustraire à la vue des autres passagers. De plus, elles prennent souvent des excitants et des anxiolytiques, qui peuvent jouer un rôle de désinhibiteur et favoriser alors le passage à l'acte. Enfin, l'avion est un mode de transport aux règles strictes et qui demande souvent d'attendre et de patienter, ce que les stars détestent... Ces cas « lourds » sont bien connus des navigants.

En 1996, Régine a fait très fort en faisant dérouter aux États-Unis un vol Paris-Miami, car selon les membres de l'équipage, elle et son fils auraient refusé d'éteindre une cigarette dans un vol non fumeur. Le fiston n'aurait pas hésité à menacer un steward, poussant le commandant de bord à poser en urgence l'avion à Boston, afin de remettre le turbulent passager au FBI. Régine, forte de son franc-parler, aurait fait un scandale.

En 1998, le rappeur Joey Starr se moque de trois hôtesses de l'air dans un hôtel de Montpellier : « Air France, ce n'est plus ce que c'était, et en plus, ils n'emploient que des boudins ! » L'une des hôtesses réplique alors vertement au chanteur et s'ensuit une bagarre homérique. Le chanteur a écopé de deux mois de prison ferme et d'une amende de 30 000 francs (4 500 euros).

En février 2007, l'animateur Jean-Luc Delarue a reconnu avoir « pété les plombs » dans un vol Paris-Johannesburg, avant d'être condamné pour « violences », « outrages » et « violences par attouchements ». Habillé en survêtement dans ce vol de nuit, il se serait levé et aurait eu un comportement incohérent, voire délirant. L'équipage aurait alors dû le menotter après qu'il eut insulté, mordu, donné une claque à un steward et même touché les seins d'une hôtesse…

Le 3 avril 2008 à l'aéroport de London-Heathrow, la top model Naomi Campbell a littéralement disjoncté lorsqu'elle a appris que ses bagages avaient été perdus, et a insulté deux policiers et un pilote. Les hommes en uniforme ont porté plainte, après qu'elle a été expulsée de ce vol British Airways. Elle a été condamnée à des travaux d'intérêt général.

En août 2011, un vol Paris-Dublin de la compagnie anglaise Cityjet annonce vingt minutes de retard. Gérard Depardieu a pris place à bord, en compagnie du comédien Édouard Baer. Confronté à l'attitude inflexible de l'hôtesse de l'air qui lui refuse l'accès aux toilettes, notre Gégé national finit par se lever en lançant : « Je veux pisser, je veux pisser ! » À partir de là, les versions divergent. Selon une passagère interviewée sur Europe 1, l'acteur aurait alors uriné sur la moquette de l'appareil. L'intéressé conteste : selon lui, Édouard Baer lui aurait alors tendu une bouteille vide dans laquelle il aurait tenté d'uriner, sans toutefois viser correctement, et du liquide serait tombé par inadvertance par terre. Suite à quoi il aurait proposé de tout nettoyer…

Mort dans le ciel

17 septembre 1935, Saint-Louis, États-Unis. Leonard Koenecke aurait pu être boxeur. Cette étoile montante du baseball joue des coudes pour se faire un nom dans le monde sportif des années 1930. Sur le terrain, sa frappe du tonnerre fait rêver l'Amérique, mais moins les pilotes de ligne. C'est un passager bien agité qui perturbe le calme des vols de nuit…

Koenecke replace sa casquette d'un geste rageur. Il vient de se faire foutre dehors comme un chien. Casey Stengel, coach des Brooklyns Dodgers, l'a gentiment remercié. Comme au poker, il va falloir qu'il se refasse. Leonard Koenecke est pourtant un bon joueur de baseball : 22 *home runs* à son palmarès ! Cet ancien pompier de Chicago, issu d'une famille modeste de cheminots, est une force de la nature. Des os taillés dans le roc et des bras puissants feront décoller sa carrière professionnelle dans l'équipe des Giants de New York, qui l'achète pour la modique somme de 75 000 dollars.

Le rêve avait tourné au cauchemar, car être bon ne suffit pas dans le sport pro : il faut être régulier et tenace. Dans les coulisses des stades, on raconte que Len est un joueur à problèmes, porté gravement sur la bouteille.

Le joueur débouté quitte les vestiaires des Dodgers et part discrètement de Saint-Louis au petit matin. Il embarque à bord d'un DC-3 assurant le vol American Airlines à destination de New York. Il rentre à Brooklyn, chez lui, plus tôt que prévu. Comme va-t-il annoncer la nouvelle à Gladys, sa femme ? La culpabilité, mêlée à la colère, lui brouille l'esprit. Engoncé dans son siège, il se sent à l'étroit. Il fulmine encore d'être ainsi humilié. En maugréant, il commande à l'hôtesse de l'air une bouteille de whisky. Pour se calmer et avoir l'esprit plus clair, il en a besoin.

L'alcool commence à faire son effet, il parle tout seul, de plus en plus fort, à un coach invisible ou à sa femme. Les passagers prennent peur, car il s'agite et donne des coups de poing si violents dans son siège qu'il en fait trembler tout l'avion. L'hôtesse de l'air prend son courage à deux mains et, revêtant son masque lisse de professionnelle, demande très poliment à Len d'arrêter de boire à outrance autant pour son confort que pour celui des autres passagers. Il cesse de parler pour la dévisager. Il remet sa casquette très lentement et lui décroche une taloche qui fait voler la pauvre jeune femme. Un passager se lève : c'est le début de la bataille. L'homme essaye de riposter en lui arrachant la bouteille de whisky pour l'assommer. Mais Len est un sacré gaillard. Il sème la panique à bord. Tout est sens dessus dessous, les passagers essayent de le maîtriser en vain, il est bien trop costaud et l'alcool décuple ses forces.

Le copilote, averti par un steward, vient se mesurer à Len pour faire cesser le carnage. Le choc des titans. Il ne manque plus qu'un ring pour officialiser ce combat. Le copilote est un homme grand et fort. Quand il ne travaille pas, il fait du football américain, et ce, depuis l'université. Après des échanges musclés sous les yeux effarés des passagers, le copilote arrive à prendre le dessus.

Len traîne la patte dans l'aérogare de Detroit. Largué par l'équipage sous les encouragements des passagers, il erre. Mais pas sans but. Ce qu'il veut, c'est aller à New York. Retrouver son petit quartier de Brooklyn. Il a grand soif, mais le sommeil le gagne. Il s'écroule sur un siège pour cuver. À son réveil, il a trouvé comment aller à New York. Un Stinson SM-1 tout rouge, avion monomoteur, vient de se poser sur le tarmac de Detroit. Len n'hésite pas une seconde et s'approche des deux hommes qui descendent de l'appareil. William Mulqueeney a le physique d'un militaire vétéran, un Indiana Jones qui pilote pour nourrir sa soif d'aventure. Il est accompagné par un ami, Irwin Davis, visage imberbe et cheveux gominés, fan de parachutisme. Len paye rubis sur l'ongle. Une poignée de main bien virile scelle le contrat.

Len s'installe dans le petit avion à côté de William, qui pilote, pendant qu'Irwin monte à l'arrière. Mais, après le décollage, le joueur déchu à la taille disproportionnée sort bientôt de sa torpeur et se jette sur William pour le déstabiliser. Il veut être le seul maître à bord pour arriver plus vite. William le repousse pour le remettre en place, mais il est trop tard : la lutte commence.

Dans ce vol de nuit, la petite cabine devient un véritable champ de bataille. William et Irwin sont dépassés par ce fou qui semble avoir le diable au corps. Il mord, griffe et cogne. William abandonne les commandes pour maîtriser Len. Il attrape à pleines mains l'extincteur, caché à ses pieds. Hélas, il ne frappe pas assez fort. Len sourcille à peine sous le coup. Le joueur s'est transformé en tueur, il extirpe l'extincteur pour le balancer en plein sur le torse de William, tout en mordant le bras d'Irwin. Pendant ce temps-là, l'avion, sans maître à bord, voltige dans les airs. Il effectue de curieuses figures au gré des coups de Len. William, le nez en sang et quatre dents en moins, retombe sur l'extincteur. Il l'empoigne de toutes ses forces et vise la tête de Len. Il frappe une, deux, trois fois. Douze fois, pour venir à bout de la brute. Le sang éclabousse sur les hublots de la petite cabine. Len s'effondre sur la banquette arrière. William et Irwin en profitent pour remonter in extremis l'appareil qui piquait dangereusement du nez. Le vétéran cherche en urgence un endroit où se poser.

À la lumière de la lune, il arrive à atterrir sur un champ désert sur Long Branch Racetrack à Toronto. La police débarque sur les lieux quelques minutes plus tard. On dirait qu'il y a eu un crash tellement il y a de sang. Len ne bouge plus – il ne se relèvera pas.

Le vol de nuit et de sang devient une chronique macabre qui passionne les foules. Len est devenu une icône, avec sa descente aux enfers aussi rapide que sa fulgurante carrière. Tout le monde veut savoir ce qui s'est passé dans le petit Stinson. Les journalistes relayent le procès de William et Irwin, inculpés pour homicide.

Ils affirment au juge que Len voulait mettre en scène son suicide de manière spectaculaire. Il aurait tenté de provoquer un crash délibérément… Il tenait des propos incohérents et aurait même fait des propositions homosexuelles aux deux amis. À l'époque, cette déclaration suffit à enterrer le dossier… Len était-il encore dans les brumes de l'alcool ? A-t-il agi par désespoir ou par inconscience ? William et Irwin ont-ils des choses à se reprocher ? Les deux amis ont été finalement relaxés : le juge a invoqué la légitime défense. La délibération, en apparence raisonnable, ne clôt pas complètement l'affaire. La mort de Len reste encore un mystère. Il avait envoyé une lettre à sa famille avant d'embarquer dans l'avion pour expliquer sa situation à sa femme Gladys. Désormais veuve, elle découvrira ses mots en revenant des obsèques.

Le lendemain du drame, les Brooklyns Doogers portent un brassard noir sur le terrain, en souvenir de la frappe légendaire de Len.

Du rififi dans le cockpit

Christine, une ancienne hôtesse de l'air long-courrier, a parfois vécu de sacrées aventures en vol. Comme elle parlait couramment russe, elle était fréquemment programmée sur les vols vers Moscou et la Russie.

« Ce jour-là, nous étions deux hôtesses à bord de cet Airbus A318 et nous aurions dû être trois. Étant donné que ces vols étaient souvent fréquentés par des passagers qui buvaient beaucoup, nous avions souvent un steward avec nous, un homme, mais cette fois nous nous trouvions en équipage restreint.

« Nous ne sommes que deux : une petite jeune qui débute dans le métier a pris son poste à l'arrière, et, moi, je fais l'avant. L'avion a décollé et il ne faut pas traîner pour servir les passagers. Je me rends dans le cockpit pour servir les pilotes, puis reviens débuter le service des passagers situés au premier rang. » Christine est alors intriguée : au fond de l'appareil, elle constate que la petite voiture sur laquelle sont disposés les plats et les boissons de sa collègue est arrêtée dans l'allée et que le rideau du *galley* arrière, habituellement laissé ouvert pendant le service, est fermé. Christine remonte l'allée à toute vitesse, pressentant un problème.

Elle tire le rideau et surprend un passager russe, véritable armoire à glace de deux mètres et d'au moins 120 kilos, qui essaie d'agresser la jeune hôtesse. Christine saisit alors l'extincteur et, du haut de son mètre soixante, se dit qu'il va falloir taper très fort. Elle l'abat de toutes ses forces sur la tête du colosse qui s'effondre sans un cri.

« Il ne bouge plus, nous nous regardons ma petite collègue et moi, puis je m'agenouille, non sans crainte, pour lui prendre le pouls. Avec le bruit et les mouvements de l'avion, je n'arrive pas à le sentir et je panique, je me saisis de l'interphone et contacte le commandant de bord. En pleurs, je lui crie que j'ai tué un passager. Celui-ci dépêche alors son copilote, qui vient constater les dégâts. Le Russe a une grosse bosse sur le sommet du crâne, il est certes inconscient, mais respire toujours. L'équipage décide de le saucissonner avec les ceintures pour bébés, celles que nous donnons aux parents pour qu'ils fassent voyager leurs petits sur leurs genoux ! » Et le copilote réquisitionne trois passagers corpulents pour le surveiller après l'avoir installé sur un siège. Le commandant de bord donne à Christine la consigne suivante : « Quand il ne sera plus dans les vapes, tu lui donnes une vodka-tomate avec un somnifère. »

L'hôtesse n'en mène pas large, car elle se dit qu'après avoir failli tuer le Russe avec un extincteur, elle risque de l'achever avec un sédatif. Prudente, elle demande un ordre écrit au commandant de bord, car elle ne veut pas se retrouver incarcérée à Moscou !

Le saviez-vous ?

Des repris de justice à bord

« Qui a envie de voyager avec un tueur à bord ? » nous lance, goguenard, un commandant de bord d'une grande compagnie. « Sans compter les retards de plusieurs heures imposés aux passagers ! Car, fréquemment, le reconduit refuse de monter à bord ou prend les passagers à témoin. Si certains d'entre eux se rallient à sa cause, la situation devient critique : imaginez la rébellion à bord d'un aéronef ! Cela peut être à l'origine d'un accident en vol. Alors le ministère de l'Intérieur a pensé à une solution : des petits avions privés pilotés par des agents de la Police de l'air et des frontières (PAF)

Pour les escorteurs, le risque se situe aussi sur le siège d'à côté. « Ils raccompagnent de vrais dangereux. Il y a quelques mois, l'un d'entre eux a envoyé deux escorteurs à l'hôpital et a même arraché un siège de l'avion. On est chez les dingues, de vrais tueurs ! » Nombre d'escorteurs sont blessés : contusions diverses, hématomes, blessures aux côtes suite à des coups portés par les reconduits. L'une des blessures les plus fréquentes est la morsure : mains, doigts, oreilles. La grande mode chez les reconduits est l'automutilation avec lame de rasoir ; ils dissimulent les lames partout : bouche, dents, slip...

Comment reconnaît-on une hôtesse de l'air dans le métro ?
C'est la seule à dire « au revoir » aux passagers.

Y a-t-il un pilote dans l'avion ?

Au début du mois d'octobre 2009, un Airbus A320 doit relier Sharjah, aux Émirats arabes unis, à New Dehli, en Inde. Une rixe démarre juste après le décollage, quand une hôtesse de l'air accuse l'un des pilotes de la harceler sexuellement.

L'affaire dégénère et le copilote sort brutalement la jeune femme de 24 ans du cockpit. Elle se réfugie dans le *galley*, choquée. Là-dessus, le chef de cabine s'en mêle et prend la défense de l'employée. Le commandant de bord sort à son tour du cockpit… qui se retrouve vide. L'avion n'est plus dirigé que par le pilote automatique ?

L'appareil arrive finalement à bon port dans une ambiance délétère, après une baston générale sous les yeux médusés des passagers. La compagnie a suspendu les quatre employés.

Bagarre entre pilotes : des milliers de passagers K-O

En novembre 2010, l'aéroport international de Buenos Aires a été fortement perturbé pendant tout un week-end par une grève résultant d'une bagarre entre deux pilotes d'Aerolinas Argentinas.

Tout aurait débuté dans le cockpit d'un avion de la compagnie, quand un pilote se serait aperçu que son collègue le filmait avec une caméra vidéo pendant la préparation du vol. Ce reportage « sauvage » était censé immortaliser les erreurs de pilotage ou les dérives de comportement, le pilote filmé ayant mauvaise réputation.

Quoi qu'il en soit, les deux hommes en sont venus aux mains, à tel point qu'ils ont dû être débarqués par la police. C'est alors que leurs syndicats respectifs ont appelé à la grève générale, afin que les pilotes ne soient pas sanctionnés par leur compagnie : 20 000 passagers de plus que d'habitude étaient en attente de s'envoler, une affluence record causée par la fermeture le jeudi précédent – déjà pour grève – d'un autre aéroport domestique du pays, qui avait entraîné l'annulation d'une cinquantaine de vols. Des milliers de passagers ont été plongés dans le chaos.

(La situation est redevenue presque normale le lundi suivant, avec seulement 15 % des vols annulés.)

Lubies des passagers

Casse-tête chinois

Voilà un nouveau jeu qui rend chèvres les navigants ayant des passagers chinois à bord : il consiste à ouvrir la porte avant le décollage. En février 2015, sur un Boeing 737 d'une compagnie chinoise qui s'apprêtait à décoller, un homme s'est brusquement jeté sur la porte de secours pour la pousser, retardant le vol d'une bonne heure. Les autres passagers lui ont offert son quart d'heure de gloire en postant des clichés de son numéro sur les réseaux sociaux. Bilan des courses, le farfelu a été cloué au sol et incarcéré.

Chauffard du ciel

Un pilote en guerre contre sa hiérarchie « s'amuse » à dépasser toutes les limites prévues par l'appareil de la compagnie pour laquelle il travaille. Récemment, il s'est présenté en approche à une vitesse largement trop élevée. N'arrivant pas à ralentir l'avion, il a eu l'idée de sortir le train d'atterrissage pour provoquer une « traînée » et freiner l'appareil.

L'affaire a failli se terminer en « baston » dans le poste, le copilote s'opposant fermement à cette procédure dangereuse.

Détournement Paris-Nice : la terroriste au vison

Le film *Les Aventures de Rabbi Jacob* se déroule en partie dans les couloirs de l'aéroport d'Orly. On se souvient de Victor Pivert, industriel français antisémite, mêlé malgré lui à une révolution arabe qui l'amène à se déguiser en juif. Si aujourd'hui le film est culte, sa sortie officielle a été marquée par un détournement qui a défrayé la chronique à l'époque, mais depuis complètement oublié.

Le 18 octobre 1973, dans une France en noir et blanc gouvernée par Georges Pompidou, secouée à distance par les soubresauts de la guerre du Kippour, les spectateurs se précipitent dans les salles pour assister à la sortie du dernier film de Louis de Funès. On n'a retenu que les pitreries et les grimaces du célèbre acteur, mais, à l'époque, la polémique fait rage, car il est jugé anti-palestinien.

Au même moment, les radios françaises diffusent une nouvelle aussi alarmante que curieuse. Le Boeing 727 immatriculé F-BPJC a été détourné en début de matinée à l'aéroport d'Orly. Le pirate de l'air, encore inconnu des services de police, s'était glissé parmi les passagers. Les Français découvrent bientôt qu'il existe un lien entre les deux événements.

Le vol Air France Paris-Nice en partance de l'aéroport d'Orly avait pourtant bien débuté. Le personnel navigant est bien occupé, mais quelques-uns trouvent le temps de se moquer d'un drôle de personnage.

« T'as vu la grosse bourge là-bas ? Elle se balade avec son vison par ce beau temps… C'est pour crâner et lancer une mode sur la promenade des Anglais !

– Elle n'a peut-être rien en dessous ! » pouffe l'une des hôtesses.

Fou rire en cabine entre stewards.

« PERSONNE NE BOUGE ! »

Contre toute attente, celle qui était la cible des quolibets montre un autre visage. La femme au vison a sauté de son siège. Sous sa grosse moumoute brillante jusqu'à ses chevilles, une carabine 22 long rifle était dissimulée. Totalement démente, la femme pointe son arme avec détermination sur les passagers. Dans son petit baise-en-ville qu'elle caresse, elle assure à l'assistance effrayée qu'elle détient une grenade et un pistolet, chargé à bloc. Tout le monde file doux devant cette prise d'otages un peu spéciale… Elle qui en a marre des cocktails, marre d'être seule et déprimée, exige d'être conduite au Caire.

« Impossible », assure le pilote : pas assez de carburant ! Dans sa folie excentrique, la femme au vison paraît étonnée. Cet argument bassement matériel et technique la scandalise.

« Madame, on allait à Nice au départ, pas en Égypte ! » doit lui rappeler le commandant de bord…

Mais sa principale revendication est plus que surprenante, et pour le moins incongrue : elle exige le retrait immédiat du film de Gérard Oury !

Les médias s'affolent et envahissent Orly. On vient d'en apprendre plus sur la preneuse d'otages lourdement armée : c'est Danielle Cravenne en chair et en poil de vison ! La femme de Georges Cravenne, célèbre attaché de presse qui assure la promotion du film. Danielle vient de prendre en otages 112 personnes au nez et à la barbe de son mari et de la France. Sa cible : la sortie de *Rabbi Jacob*, qu'elle juge comme une injure à la guerre du Kippour.

La pirate de l'air accepte finalement que l'avion se pose à Marignane. Le pilote négocie finement. Cela fait trois heures que Danielle Cravenne mène la danse. Trois policiers du GIPN de Marseille se déguisent en stewards pour monter des plateaux-repas à la demande de la pirate, affamée. Pendant ce temps, les passagers sont prudemment évacués. Des échanges de coups de feu retentissent contre la carlingue. Un des tireurs d'élite neutralise la terroriste. Elle tombe sous les balles. Les ambulanciers la découvrent dans un coin, recroquevillée mais encore en vie, qui délire sur le monde qui l'a oubliée. Évacuée en urgence de l'aéroport, elle décédera au cours du trajet qui l'amène à l'hôpital de Marseille.

Le surlendemain, la une de *Libération* évoque Danielle Cravenne comme « une pirate du désespoir : une proie facile pour des tueurs assermentés ». Les gros titres amèneront Georges Cravenne à porter plainte contre l'État français. Il est soutenu par Robert Badinter et Georges Kiejman, qui assurent sa défense en mémoire de sa défunte épouse. Cette bataille juridique dans laquelle il s'engage est peut-être un moyen de comprendre d'outre-tombe sa femme qu'il écoutait à peine de son vivant… Au final, il est soigneusement débouté. Georges Cravenne se consolera en se remariant quelques mois plus tard et en se concentrant sur les Césars.

En dépit de tout, le film sort : au total, plus de 7 millions d'entrées. Une dépêche de l'époque précise que Danielle pensait, grâce à son geste, rétablir la paix au Proche-Orient…

PARTIE 6

DESTINATION FINALE

Le saviez-vous ?

13 minutes pour survivre

C'est un chiffre porte-malheur ou porte-bonheur, selon les cas, mais c'est aussi le nombre de précieuses minutes pendant lesquelles votre masque, tombé automatiquement du plafond de l'avion, va vous délivrer de l'oxygène. Les pilotes ont leur propre masque, qui leur couvre tout le visage pour respirer en cas d'incendie, et leur permet de communiquer entre eux via une liaison interphone intégrée.

Superstition dans l'aérien

Les voyants ne prédisent pas que les numéros gagnants du Loto… La compagnie aérienne brésilienne TAM se serait bien passée de cette annonce macabre. En 2005, le grand médium au Brésil Jucelino Nobrega da Luz aurait eu une vision du crash du vol JJ3720, qui, selon lui, aurait lieu le mercredi 26 novembre 2014 à 5 h 30 entre São Paulo et Brasilia. L'appareil devait s'écraser contre un bâtiment de l'avenue Paulista, juste après son décollage de l'aéroport de Congonhas. Mais la compagnie a pris les devants en changeant le numéro de vol pour écarter le mauvais sort et, aussi, par mesure de sécurité…

Toujours en exercice dans une grande compagnie européenne, un commandant de bord est connu pour nouer sur les boutons du cockpit les petites lingettes blanches qui servent à nettoyer le poste de pilotage. Il les a baptisées « les petits anges blancs » et ces derniers sont censés le protéger du mauvais sort.

Malheureusement, cette assurance divine n'a pas toujours fonctionné. Un décollage sous la neige s'est ainsi soldé par une sortie de piste avec un mort à l'arrivée. Il faut dire que le commandant était aussi réputé pour sa superstition que pour son manque de rigueur…

Idée reçue

Les passagers crient toujours avant un crash

FAUX. Dans la majorité des crashs, quand la boîte noire qui enregistre les sons est en suffisamment bon état, on n'entend pas les passagers crier : ils sont plutôt pétrifiés et dans l'attente d'une consigne.

Par exemple, le dossier d'instruction du crash de Rio le 1er juin 2009 ne révèle aucun « signe d'anxiété » dans la cabine. Il faut dire que l'Airbus A330 est descendu comme une feuille morte vers l'océan Atlantique...

Dans le crash-suicide de la Germanwings en mars 2015, on entend les passagers hurler quand ils voient le commandant de bord tenter de défoncer la porte du cockpit dans laquelle s'est enfermé le copilote...

À quoi sert une hélice dans un avion ?
À rafraîchir le pilote en vol.
Si vous ne me croyez pas, arrêtez-la
et regardez comme il transpire !

Crash évité de justesse

Il y a quelques mois, un avion d'une grande compagnie européenne a failli terminer son trajet dans l'étang de Berre, avec ses 200 passagers à bord. L'Airbus A321 se trouve en finale vers la piste 13 gauche à Marseille. Imaginez : il est en descente, train d'atterrissage sorti, pilote automatique déconnecté, passagers attachés, hôtesses installées sur leur strapontin… C'est le copilote qui est aux commandes. Soudain, il crie « Attention, vitesse, vitesse » dans le poste de pilotage. Celle-ci vient de chuter dangereusement, descendant à 160 nœuds. Rappelons qu'en aviation « la vitesse, c'est la vie ». En perte de vitesse, l'avion décroche, il perd sa portance et tombe comme une feuille, comme dans l'accident du vol Rio-Paris.

Plus il s'approche du sol, plus il devient difficile à rattraper. Le commandant de bord remet alors de la poussée : « Il se passe quelque chose que je ne comprends pas complètement, alors j'annonce "remise de gaz" », explique-t-il.

C'est alors que le copilote réalise que les volets sont rentrés ; il s'agit des plaques à l'arrière des ailes que l'on sort progressivement quand l'avion descend vers la piste. Leur rôle est essentiel : ils permettent à l'avion de conserver sa portance à basse vitesse, à l'atterrissage et au décollage. La loi de protection informatique appelée « Alfa Floor » prend le pas sur le cafouillage des pilotes et verrouille une « accélération pleins gaz » pour empêcher l'avion de décrocher. L'Airbus fait un tour de piste et revient finalement se poser sans encombre.

« Après débriefing, il semble donc que le copilote ait rentré les volets par inadvertance, mais il n'a aucun souvenir précis de cette action… », note le commandant de bord dans le rapport. Le pire a été évité.

Crash crocodile

C'est une histoire africaine : le 25 août 2010, un turbopropulseur à hélices de 19 places, un Let 410, s'écrase à 500 mètres de la piste de Bandunda en République démocratique du Congo, entraînant la mort des 20 personnes. Il atterrit sur une maison, que les occupants ont le temps de fuir en voyant arriver l'appareil. Après le crash, les curieux se massent autour de l'avion, sans qu'aucun secours officiel ne soit organisé.

Deux survivants sortent des décombres, ainsi qu'un passager surprenant : un crocodile, qui est immédiatement découpé à la machette par la foule en colère.

Les autorités attribuent la cause du crash à une panne sèche. Mais l'un des survivants raconte une tout autre version. Selon lui, un passager serait monté à bord avec un sac contenant un crocodile destiné à la revente. L'animal aurait provoqué une belle panique à bord : tous les passagers auraient filé vers l'avant de l'appareil, suivant les hôtesses, réfugiées dans le cockpit. On imagine sans peine la pagaille, les cris et peut-être le chaos à proximité des pilotes, qui a conduit à la perte de contrôle de l'appareil.

Mais il se pourrait bien que le malheureux croco ne soit qu'une victime collatérale… Deux mois après l'accident, l'épouse du commandant de bord de l'appareil, également PDG de la compagnie, accuse les concurrents de celle-ci d'avoir commis des actes de sabotage sur son avion. Une enquête criminelle a été ouverte à Bruxelles. « La présumée thèse de la panne sèche est totalement fausse et invraisemblable, car l'une des obsessions du commandant était d'avoir le carburant en quantité suffisante avant le vol. Il menaçait toujours ses passagers de ne pas décoller s'il n'obtenait pas un accord formel pour l'achat du carburant », dénoncent les avocats. Cette attitude du commandant avant le vol est confirmée par le rapport officiel de l'expert sur le crash du 25 août 2010 lorsqu'il souligne dans son constat : « Nous sommes montés sur la demi-aile gauche de l'avion, qui était moins démolie que l'autre. Nous avons ouvert le bouchon du réservoir gauche, qui était presque plein. Par ailleurs, le frère cadet du commandant décédé a confirmé le fait que ce dernier avait déposé plusieurs plaintes pour acte de sabotage sur l’avion qu’il pilotait. Mais, finalement, l’affaire reste sans suite…

Officiellement, le croco reste toujours accusé du crash !

Erreurs de pilotage

Mercredi 4 février 2015, un avion de la compagnie TransAsia a heurté un pont à Taïwan et s'est crashé dans la rivière voisine avec 58 personnes à son bord, faisant au moins 11 victimes. La vidéo spectaculaire, prise depuis une autoroute proche du drame, a fait le tour du monde.

C'est le deuxième accident subi par la compagnie taïwanaise en un peu plus de six mois, après celui, fin juillet 2014, d'un vol intérieur, dans lequel 48 personnes ont été tuées au moment de l'atterrissage, maintenu malgré des conditions météorologiques dégradées.

Sur le film, on voit l'avion passer sur la tranche, heurter un véhicule avec son aile, avant de s'écraser dans la rivière. Un des moteurs à hélice, en drapeau est visiblement arrêté. D'après un très bon ami pilote de ligne, il est possible que les pilotes n'aient pas bien réagi à la panne d'un moteur : « Je parie que, dans la panique, ils ont éteint par erreur le second moteur, celui qui fonctionnait. »

Le saviez-vous ?

Focus

Une série d'accidents aux États-Unis a poussé l'Administration de l'aviation civile américaine (FAA) à édicter une règle en 1981 : garder le cockpit stérile. Il s'agit de rester concentré dans les phases critiques de vol : décollage et montée, et, surtout, atterrissage. Ainsi, en dessous de 10 000 pieds, environ 3 000 mètres d'altitude, il est interdit de se livrer à des « activités » qui pourraient déconcentrer les pilotes ou à des conversations privées n'ayant rien à voir avec les actions à mener. Les compagnies européennes ont pour la plupart adopté officiellement ces règles.

Videogames

Cet accident est l'un des plus stupides que j'aie connus. C'est la version aérienne de la sortie du dimanche où l'on fait conduire la voiture par son adolescent sur un chemin de campagne. Sauf que, dans un Airbus rempli de passagers, cela ne pardonne pas.

Le 23 mars 1994, un commandant russe a la permission d'emmener ses deux enfants de 12 ans, et 16 ans, à bord d'un Airbus A310 de la compagnie nationale Aeroflot, pour un vol long-courrier Cheremetivo-Hong Kong.

L'avion est composé de 63 passagers et 12 membres d'équipage. Les passagers sont essentiellement des hommes d'affaires taïwanais venus créer des marchés dans une Russie qui s'ouvre au capitalisme.

Le pilote est très fier d'emmener ses enfants. Il propose d'abord à sa fille de prendre sa place. Il ne réalise pas qu'il gravit la première marche vers un crash inouï. La petite s'assoit, toute fière de se trouver aux commandes de ce monstre d'acier. Elle a l'impression de jouer à un jeu vidéo. Bien évidemment, les enfants ne le savent pas, mais l'avion est en pilote automatique : c'est l'ordinateur qui lui fait suivre sa route et qui gère le vol, et il est alors impossible de commander une action à la main. La petite exulte. Son frère, lui, trépigne. C'est son tour, il veut lui aussi piloter l'avion de papa. Il prend sa place, attache sa ceinture et tente d'opérer un virage : il pousse alors sur le manche de façon latérale vers la gauche pendant trente secondes pour faire virer l'appareil. Mais il a plus de force que sa sœur, et son action entraîne un conflit avec le pilote automatique, qui se désengage partiellement. Malgré une alarme visuelle présente dans le cockpit, aucun des trois pilotes n'y prête attention.

Finalement, les passagers perçoivent qu'il se produit quelque chose d'anormal : l'avion s'incline jusqu'à 90 degrés. Le garçon est alors plaqué contre son siège et son père ne peut reprendre les commandes. Le copilote, pourtant censé avoir les mêmes compétences que le commandant de bord, est bien incapable de reprendre l'avion en main…

En réalité, le seul élément capable de gérer correctement cet avion en déshérence est le pilote automatique. Il donne des ordres au *trim*, un compensateur qui permet à l'avion d'avoir une altitude constante. Mais il finit par se déconnecter, et l'avion part alors en chandelle, moteurs au ralenti. Puis c'est l'impact. Il frappe une montagne en survitesse. Pas de quartier : aucun occupant n'en réchappe... *Game over*.

Quand on est assis dans un avion qui s'écrase, on a beau attacher sa ceinture, ça ne sert à rien.

Haruki Murakami
1Q84, Livre 1

Opération suicide

Officiellement, une dizaine de crashs auraient été causés par le suicide d'un membre de l'équipage.

Le plus récent, et le plus choquant, est celui du vol 4U-9525 Barcelone-Düsseldorf de la Germanwings, filiale de Lufthansa, qui s'est crashé sur le territoire de la commune de Prads-Haute-Bléone, dans les Alpes du Sud françaises, le 24 mars 2015. D'après les premiers éléments de l'enquête, toujours en cours, le copilote Andreas Lubitz aurait attendu que le commandant de bord sorte du cockpit (il se rendait aux toilettes) pour s'enfermer et précipiter l'appareil contre une montagne. Bilan : 144 passagers et 6 membres d'équipage.

Le plus meurtrier est celui du vol EgyptAir New York-Le Caire du 31 octobre 1999, qui a provoqué la mort des 217 passagers et membres d'équipage d'un Boeing 767. Vers 1 heure du matin, alors que l'avion était stabilisé sur mode automatique, certains experts américains pensent que le copilote aurait profité de l'absence de ses collègues pour faire plonger l'appareil dans l'océan Atlantique.

Le plus spectaculaire est celui de l'ATR 42 de Royal Air Maroc, qui a eu lieu le 21 août 1994 entre Agadir et Casablanca. Dix minutes après le décollage, l'appareil aurait été volontairement précipité vers les massifs de l'Atlas, près d'Agadir, malgré les efforts désespérés de sa copilote pour l'en empêcher. Bilan : 44 victimes, soit la totalité de l'équipage.

Le plus sombre est celui qui s'est déroulé le 29 novembre 2013 : un Embraer 190 de la compagnie Mozambique Airlines percute le sol entre Maputo (Mozambique) et Luanda (Angola), avec 33 personnes à bord. Selon les enquêteurs, c'est le commandant de bord, en proie à des « intentions suicidaires », qui aurait fait s'écraser l'appareil, alors que son copilote était absent du poste de pilotage.

Le moins connu est celui du vol 350 de Japan Airlines : le 9 février 1982, le DC8-61 décolle de Fukuoka pour Tokyo-Haneda avec 174 passagers, dont 8 membres d'équipage. Mais alors que le vol était à l'approche de l'aéroport de Tokyo, le commandant de bord, dont les troubles mentaux seront reconnus par la suite, a décidé de couper deux des quatre moteurs de l'appareil… Un coup de folie qui serait à l'origine de 24 victimes.

PARTIE 7

LE CLUB DES SURVIVANTS

Bon à savoir

Comment survivre à un crash ?

En 2009 paraît aux États-Unis *Le Club des survivants* (*The Survivors Club*), écrit par le journaliste Ben Sherwood, qui a étudié à travers le monde entier la façon dont les rescapés ont réussi à survivre à un accident d'avion. D'après lui, 75 % des passagers survivent à un crash et, dans 80 % des cas, il reste au moins un survivant.

L'auteur donne ainsi quelques recommandations fort utiles, comme celle de se placer plutôt vers la queue de l'appareil, et à moins de cinq rangs des issues de secours, dans les places situées côté couloir pour évacuer l'avion au plus vite. Dernier conseil que vos voisins de siège apprécieront : ne pas enlever ses chaussures, notamment en phase de décollage et d'atterrissage, car c'est plus pratique pour courir en cas d'évacuation. Notez aussi qu'il vous faudra en moyenne « cavaler » 150 mètres dans le sens du vent en cas d'incendie pour vous en sortir. À vos marques, Prêts, partez !

La top des survivants

Bahia Bakari, une jeune adolescente de 13 ans, prend l'avion pour la première fois le 30 juin 2009 avec sa mère pour visiter sa famille aux Comores. Mais l'avion de la Yemenia Airlines perd le contrôle et 152 personnes trouvent la mort dans ce crash.

Bahia est la seule rescapée. Elle a attendu pendant plus de onze heures dans l'eau, accrochée à un débris de l'avion, avant que des pêcheurs comoriens ne la secourent.

Quand c'est pas le jour, c'est pas le jour...

Le 20 janvier 1992, Pierre Lota, un Français chef d'une petite entreprise, doit se rendre à Strasbourg, mais, sur la route le menant à l'aéroport, il est victime d'un accrochage en voiture. Un accident qui lui fait rater son avion. Il embarque alors à bord du vol 148 d'Air Inter à l'aéroport de Lyon. L'Airbus A320 n'arrivera jamais à destination : la nuit tombée, il se crashe sur le mont Sainte-Odile dans le froid et la neige. Les secours mettront cinq heures à rejoindre la carcasse, qui compte 87 victimes. Pierre Lota, qui était assis à l'arrière de l'appareil, fait partie des 9 survivants. Six semaines après, il a repris l'avion !

C'était son destin

Quel est le comble pour une survivante d'un accident d'avion ? Mourir écrasée quelques minutes après avoir survécu… Le 6 juillet 2013, lors du crash à l'aéroport de San Francisco du Boeing 777 de la compagnie sud-coréenne Asiana Airlines, une jeune rescapée chinoise, Ye Meng Yuan, a été renversée par un camion de pompiers qui venait secourir les autres passagers. Sur les 307 personnes présentes dans l'appareil, 123 en sont sorties indemnes, et 181 ont été légèrement blessés. Seules 3 personnes, dont la malheureuse Ye, n'y ont pas survécu.

Le sort de cette jeune femme a bien entendu provoqué une très grande compassion, mais aussi déchaîné beaucoup d'humour noir. Sur la Toile, les amateurs de *Destination finale* y ont vu un signe : quand la mort vous poursuit, on ne peut rien faire pour y échapper…

Jet privé et pêche miraculeuse

Un hiver avant l'an 2000. Un vaste anticyclone s'étend sur toute l'Europe. Le vent, calme et doux, bouscule à peine les quelques nuages qui s'étendent sur la Suisse. Le ciel bleu est juste parsemé de traces blanches laissées par les avions derrière eux.

À 12 h 20, un jet privé, décolle de l'aéroport de Genève en direction de la France. Il doit atterrir moins d'une demi-heure plus tard à l'aéroport de Chambéry. À bord de l'appareil, les trois membres d'équipage sont des professionnels habitués des vols VIP. Le commandant de bord de 60 ans, d'origine allemande, compte 9 173 heures de vol, le copilote, un Suisse de 44 ans, 2 841. Une hôtesse de l'air s'active pour rendre le vol des deux passagers en cabine le plus confortable possible, en préparant de luxueux plateaux-repas. Les deux hommes d'affaires sont pressés d'arriver à Chambéry pour signer un gros contrat avec Toyota. L'un d'eux serre entre ses pieds une mallette noire métallique qui contient de superbes bijoux.

À 12 h 31, le commandant de bord s'annonce à la tour de contrôle de l'aéroport suisse. Vent calme, visibilité de 200 mètres et ciel clair : les conditions sont optimales pour atterrir. Le lac du Bourget se profile à l'horizon. À 12 h 37, le jet prend alors une vitesse verticale plus importante et passe bien au-dessous du plan normal d'approche. Le commandant de bord, aveuglé par le soleil, a sans doute perdu la piste de vue. Il continue la procédure d'atterrissage. Il est trop tard pour reculer. L'appareil frappe de plein fouet les flots paisibles et coule à pic. Il est 12 h 39 et la tour de contrôle de Chambéry est désormais sans nouvelles de l'aéronef qui s'enfonce dans le lac.

Sur sa barque, un pêcheur tente alors de ramer vers l'épave qui prend l'eau. Il aperçoit au loin les cinq naufragés tombés du ciel, qui ont réussi à s'échapper par les issues de secours de l'avion et s'accrochent tant bien que mal à des coussins. Les gilets de sauvetage, eux, ont coulé avec l'épave. Le temps presse, car les survivants risquent l'hypothermie dans les eaux glacées du lac. Il parvient enfin à les rejoindre. Hissés à bord de la petite embarcation, les cinq rescapés tentent de se réchauffer. Trempés jusqu'aux os, ils n'en reviennent pas de l'avoir échappé belle. Seule l'hôtesse est blessée : une fracture au bras gauche. Les hommes en costume cravate débraillés remercient chaleureusement le pêcheur entre deux claquements de dents. Celui-ci recevra d'ailleurs, en guise de remerciement, une magnifique voiture dernier cri de la part du grand patron de Toyota !

Depuis, le lac du Bourget, paradis des pêcheurs pour ces eaux poissonneuses et son décor sans pareil, est aussi devenu le rendez-vous des plongeurs, à la recherche de morceaux de l'épave et surtout de la fameuse mallette de bijoux, qui n'a jamais été retrouvée…

« Les statistiques montrent qu'un passager devrait prendre l'avion quotidiennement pendant 15 000 ans avant d'avoir un accident. »

(Association internationale
du transport aérien)

La rangée 56 de l'extrême

Les survivants de crash sont souvent placés à l'arrière de l'appareil. Cette rumeur, désormais cliché de l'imaginaire aérien, circule depuis longtemps dans les couloirs d'aéroport. Mais qu'en est-il vraiment ? Les paramètres seraient-ils à compléter pour échapper à l'issue fatale ? Dans cette catastrophe aérienne meurtrière, être un passager de la rangée 56, à l'arrière, a pourtant clairement aidé à forcer le destin…

Nous sommes le 12 août 1985 : 524 personnes vont prendre place à bord du vol 123 de la Japan Airlines à destination d'Osaka. Les citadins de Tokyo se pressent en famille dans les avions pour rejoindre leur village natal à l'occasion de la fête des défunts. En effet, la Toussaint locale, le « O-Bon », jour des morts, approche à grands pas. Tous ont hâte de retrouver leurs proches et de lancer des feux d'artifice en hommage à ceux qu'ils ont aimé et qui ont disparu.

Peu à peu, l'appareil se remplit. La rangée 56 est « full ». La dernière place est occupée par Keiko Kawakami, qui voyage elle aussi en famille : père, mère et sœur, assis dans la rangée derrière elle.

À 18 h 12, le Boeing 747 quitte la piste pour monter vers le ciel. Côté cockpit, Masami Takahama s'occupe de la radio. Ce capitaine est un pilote au parcours irréprochable. À 49 ans, il a 12 400 heures de vol au compteur. Il assiste Yutaka Sasaki, de dix ans son cadet, également très réputé. Côté cabine, les 12 stewards et hôtesses profitent de l'ambiance familiale dans l'avion. Ils distribuent des puzzles, des poupées et des avions miniatures à tous les enfants ravis. Mais, dehors, de grosses gouttes de pluie commencent à s'écraser sur les hublots. Le brouillard se lève pour épaissir l'air…

Soudain, à 18 h 24, une terrible explosion se fait entendre vers la queue de l'appareil. Le choc est si violent qu'il résonne jusque dans le cockpit. L'équipe tente de garder son sang-froid. Ils ne le savent pas encore, mais le Boeing 747 ne possède plus d'empennage, la dérive verticale située à l'arrière du fuselage, essentielle pour le bon fonctionnement de la gouverne de direction. S'ensuit une réaction en chaîne qui va provoquer non seulement une dépressurisation de la cabine, mais également un grave problème de commandes. En effet, les circuits hydrauliques, eux aussi indispensables pour faire monter et descendre l'avion, ont été arrachés.

En cabine, les secousses font vibrer les sièges et pulvérisent les vitres des hublots. Les masques à oxygène frappent de plein fouet la tête des passagers. Une petite fille, Mikiko, est pétrifiée de peur. À bord de ce manège sans pitié, elle n'arrive même pas à crier à l'unisson des autres voyageurs. Elle s'accroche au bras de sa mère comme une bouée de secours, jusqu'à planter ses ongles dans sa peau. Elle voit des corps, des valises, des avions miniatures et des jouets sens dessus dessous. L'avion est comme devenu fou et décrit une chorégraphie aérienne ressemblant à une danse macabre improvisée par le destin. Les trois pilotes japonais, pourtant réputés pour leur calme et leur sérénité, réalisent qu'ils ne peuvent plus rien contrôler et hurlent eux aussi. Pendant vingt minutes, ils se battent avec la puissance des réacteurs. En vain : l'appareil fonce droit sur le mont Osutaka.

À 18 h 56, le Boeing 747 disparaît des écrans radar.

À bord du vol 123 de la Japan Airlines à destination d'Osaka, ces 524 vivants sont partis rejoindre leurs morts. D'une manière plus radicale qu'ils ne l'avaient prévu. Parmi les victimes, le chanteur Kyu Sakamato a laissé femme, filles et fans seuls avec leur chagrin.

Quatre passagères survivent miraculeusement au crash, toutes assises côte à côte dans la rangée 56 : Yumi Ochiai, 25 ans, une hôtesse de l'air de la compagnie JAL, coincée entre plusieurs sièges ; Hiroshi Yoshizaki, une femme de 34 ans, et sa fille de 8 ans, Mikiko, trouvées dans la section intacte du fuselage ; et une jeune fille de 12 ans, Keiko Kawakami, retrouvée posée sur une branche au sommet d'un arbre !

Ces survivantes de l'extrême se sont faites très discrètes par la suite. Yumi continue de voler ; madame Yoshizaki et Mikiko sont retournées ensemble à Tokyo et on n'a plus jamais entendu parler d'elles. On a également perdu la trace de la petite Keiko dans le nord du Japon. Elle est restée plus d'un an à l'hôpital pour se remettre physiquement du drame. Un de ses bras est resté paralysé à cause de sa chute dans les arbres. Elle a été recueillie par son grand frère et sa grand-mère, derniers membres de sa famille décimée.

Cette catastrophe aérienne demeure un jour noir pour la Japan Airlines, et reste l'une des plus meurtrières dans l'histoire de l'aviation.

La chute de l'ange

Pendant la Guerre froide, un ange est tombé du ciel. Vesna Vulović est une survivante hors norme : son exploit défraie les chroniques aériennes et demeure une référence mondiale !

Nous sommes le 26 janvier 1972. Vesna est une très belle hôtesse de l'air. Les cheveux relevés en chignon banane, elle replace quelques mèches qui en dépassent pour coiffer son « bibi », ce petit calot porté par les filles de l'air. *Let it Be* sur les lèvres, un dernier coup de peigne, une petite cigarette, la voilà fin prête. Stewards, passagers, commandant de bord, mécaniciens, tous craquent sur son passage déhanché. Aujourd'hui, elle doit assurer la liaison Copenhague-Belgrade avec une escale à Zagreb.

Une fois à bord du Vol JAT 367, Vesna et ses collègues prennent leurs marques. Ludvig et son copilote s'installent dans le cockpit, les 23 passagers en cabine, encadrés par les trois hôtesses. Ils ne se doutent pas que, à l'avant de l'appareil, dans la soute à bagages, coincé entre deux valises, il y a un petit coffret noir qui abrite une mallette vieillotte de couleur terreuse. C'est une bombe artisanale, concoctée à base d'engrais azotés avec une bonne dose de nationalisme. Il se pourrait bien qu'un Croate, descendu à Copenhague, l'ait « oubliée ».

L'avion décolle. Une heure de vol sans trop d'encombres. Il est 15 h 59 à la Breitling Navitimer de Ludvig. Le bulletin météo est plutôt rassurant en plein hiver et présage une fin de vol agréable. En direction de l'est, le DC-9 passe la frontière entre la RDA et l'actuelle Tchécoslovaquie. Vu du ciel, le nord de la Bohème est couvert d'une couche de neige, aussi épaisse et moelleuse qu'une couette blanche.

Mais le temps s'écoule autrement dans la soute avant. À 16 h 08, la mallette délivre son contenu infernal : la bombe explose. Le *blast* déchire les tympans et les poumons des passagers. L'onde de choc mortelle se propage. L'avion se déchire en deux aussi facilement qu'une feuille de papier. La déflagration étouffe les cris des passagers. Les tourbillons de vent glacial disloquent l'appareil. Dix-neuf personnes sont éjectées, aspirées par le souffle extérieur terrible. Vesna, les oreilles en sang, ne s'entend pas crier. À l'arrière de l'avion, dans un petit recoin près des toilettes, elle est plaquée par le chariot des plateaux-repas qu'elle était en train de préparer. Il s'écrase de tout son poids sur elle et la bloque contre l'acier de la carlingue. Le dos collé contre la paroi, coincée dans ce piège, Vesna n'arrive pas à penser. Elle sombre dans la terreur.

L'appareil, coupé en deux, poursuit sa course démente vers le sol. Le débris contenant Vesna chute d'une altitude de 10 160 mètres. Telle une samare décrochée d'un marronnier, il dégringole en tournant sur lui-même et tombe par à-coups, amorti par les branches. La belle épaisseur de neige freine avec peine la violence de l'impact.

C'est un garde-forestier qui retrouve la jeune femme. Son souffle est imperceptible, son corps, désarticulé, comme une poupée de chiffon. Pourtant, Vesna est bien vivante. L'homme la dégage de la neige avec mille précautions. Pompiers et locaux sont estomaqués : c'est un miracle après une telle chute. Une survivante. La seule !

Vesna ne reste pas moins de vingt-sept jours dans le coma à l'hôpital militaire de Prague. Les badauds, les croyants et la presse s'affolent : Vesna a de la chance ! Vesna est une miraculée !

La jeune femme est en vie, certes. Mais à quel prix ? Jambes, côtes et bras cassés, bassin défoncé, trois vertèbres en miettes et une méchante fracture du crâne qui inquiète les médecins. Un mois plus tard, elle sort de sa léthargie. Elle ne se rappelle plus rien. Sa mémoire, aussi paralysée que son corps est meurtri, lui empêche de trouver un sens à sa vie suspendue entre le miracle de la presse et les diagnostics des médecins.

Au bout de quelques mois, Vesna arrive à remuer un orteil, puis deux, puis trois, elle parvient à bouger les deux pieds et parle de reprendre son travail. Elle est fragile, mais elle fait preuve d'une volonté sans faille. Quelques souvenirs lui sont revenus.

Dans ses yeux verts, une étincelle inédite brille. Elle pose pour la presse dans son lit blanc d'hôpital, avec un pompier miniature en peluche. Il lui a été offert par les secours, en mémoire de son sauvetage hors norme. Le pompier qui l'a aidée a même depuis prénommé la petite fille qu'il a eue Vesna, en hommage à l'hôtesse devenue légende vivante ! Non loin des lieux du crash, l'hôpital local (de l'actuelle Tchécoslovaquie) est baptisé comme la survivante du vol JAT 367. Tout le monde veut serrer la main de la survivante la plus veinarde du monde.

La jeune Vesna finit même par retrouver une place d'hôtesse de l'air, mais au sol. Lassée de ne plus voler, Vesna abandonne finalement son uniforme et son bibi pour négocier des contrats de frets, dans un bureau loin du ciel, pendant près de dix-huit ans. En 1977, elle se marie et fonde une famille malgré une grossesse difficile, due à ses séquelles. Elle divorce dans les années 1990.

Cette histoire continue de fasciner la presse. Le 8 janvier 2009, des journalistes osent rouvrir le dossier et avancent, documents classés top secret à l'appui, une théorie du complot : l'avion aurait été abattu par les forces aériennes tchécoslovaques. Face à ces controverses qui remuent des souvenirs douloureux, Vesna a choisi de vivre tranquillement. À 64 ans, les yeux qui pétillent, quelques rides sur le front, son chat sur les genoux, elle déclare, un brin provocante :

« Il aurait été plus simple de mourir. Mais je suis comme les chats, j'ai neuf vies… »

Vesna est encore aujourd'hui l'heureuse détentrice d'un record du monde très sérieux : celui de la plus haute chute libre sans parachute à laquelle un être humain ait survécu !

Grandes énigmes aériennes

La première catastrophe est un mystère

28 décembre 1856 : des centaines de curieux se sont massés pour applaudir la première montgolfière à prendre son envol depuis le sol de Cuba, avec à son bord Matias Perez. Mais, quelques minutes plus tard, le ballon disparaît… envolé à jamais. Perez, lui non plus, n'a jamais réapparu, mais a laissé son nom à l'expression nationale « s'évaporer comme Matias Perez » !

La disparition d'Amelia Earhart : tous les fantasmes sont permis

En 1937, l'aviatrice Amelia Earhart, première femme à avoir volé en solitaire au-dessus de l'Atlantique, disparaît avec son copilote Fred Noonan près de l'île Howland, dans le Pacifique. Les deux pilotes tentaient alors un tour du monde en avion. L'hypothèse la plus vraisemblable est que, suite à une panne de carburant, l'appareil s'est abîmé dans l'océan ou écrasé sur une île déserte. Mais certains affirment qu'Amelia Earhart était en fait une espionne au service de Roosevelt et qu'elle a été capturée par les Japonais. D'autres fantasment sur une version plus romantique : l'avion aurait atterri sur une île, où la pilote aurait vécu quelques années avec un pêcheur. Certains sont même convaincus qu'Amelia a survécu à l'accident et qu'elle a changé de nom pour se cacher dans le New Jersey. Un épisode de la série *Star Trek* met même en scène la théorie de son enlèvement par des extraterrestres. Cependant, la découverte inattendue en 2014 sur un atoll désert d'un morceau d'aluminium pouvant provenir de l'avion qu'elle pilotait laisse penser que celui-ci s'est bien abîmé en raison d'une cause technique.

La légende du triangle des Bermudes : le vol 19

Le 5 décembre 1945, cinq bombardiers-torpilleurs de l'US Navy décollent de la base de Fort Lauderdale, en Floride. Le vol d'entraînement est dirigé par Charles Taylor, très expérimenté, comme le reste du groupe. Le temps est dégagé, les conditions sont bonnes. Une heure et demie plus tard, un message de détresse est communiqué par les pilotes, informant que leurs appareils de navigation ne sont plus capables d'indiquer leur position. Les deux boussoles ne fonctionnement plus correctement : ils sont totalement perdus. Au sol, les contrôleurs sont incapables de les secourir. Le contact radio est rapidement perdu. Les conditions atmosphériques se détériorent et les pilotes sont contraints d'atterrir. Mais, comme ils ont perdu tous leurs repères, ils s'écrasent en pleine mer. Un hydravion bi-moteur parti leur porter secours disparaît également. Il n'y aura aucun survivant. La légende est née… ainsi que les théories les plus folles : rôle des extraterrestres, influence de l'Atlantide, champs magnétiques surnaturels… Mais, officiellement, ces disparitions sont toujours dues à des défaillances techniques ou humaines.

Les vols 191 sont-ils maudits ?

Plusieurs appareils qui portent le numéro 191 ont été frappés de malédiction. En 1967, l'avion expérimental X-15, vol 191, s'écrase. En 1979, c'est le vol American Airlines 191 qui se crashe en faisant 273 morts, devenant l'un des accidents les plus meurtriers de l'histoire de l'aviation américaine. Enfin, en 1985, c'est un vol 191 de Delta Airlines qui tombe : 135 morts. Ces deux dernières compagnies ont retiré ce numéro de vol…

pour rassurer les passagers, ou parce qu'elles sont elles-mêmes superstitieuses ? Sur les forums spécialisés, certains passagers avouent même éviter de prendre des vols dont le numéro est le 191 !

Où est passé le MH 370 ?

C'est la plus grande énigme de l'histoire de l'aviation : le samedi 8 mars 2014, un Boeing 777 de la Malaysia Airlines s'est volatilisé avec 239 personnes à son bord sans aucune explication. Un cas unique dans l'histoire de l'aviation : aucun débris de cet appareil de 70 mètres de long ne sera retrouvé – par comparaison, le crash du vol Air France de Rio en 2009 a occasionné la remontée de 3 000 débris. Portables de passagers qui continuent de sonner après la disparition, passagers clandestins à bord, témoignages d'habitants des Maldives ayant vu passer l'appareil en direction de l'île américaine militaire de Diego Garcia, cafouillages du contrôle aérien malaisien, ingénieurs stratégiques à bord, mutisme des autorités… tous ces éléments alimentent le doute. Une catastrophe déjà entrée dans l'histoire des disparitions d'avions les plus étranges.

Conclusion

Les voyages en avion nourrissent les rêves et les cauchemars les plus fous de millions de gens.

Mais la série noire de ces dernières années ne semble jamais prendre fin, contrairement à ce vol. La piste est en vue, le train d'atterrissage et les volets sont sortis, vous allez bientôt pouvoir détacher votre ceinture.

Maintenant, vous savez un peu plus ce qui se cache derrière les rideaux du *galley* et les sourires commerciaux du personnel navigant. Et ce n'est pas triste.

Alors, la prochaine fois, pour savoir si une soirée chaude se prépare au sein de l'équipage, allez voir juste avant l'atterrissage si les lunettes des toilettes sont relevées…

Remerciements

Un livre, c'est souvent un travail d'équipe. Je remercie mes amis Thibault et Julie, deux pilotes de ligne passionnés qui ont consacré du temps à me confier leurs secrets de cockpits et à effectuer une relecture technique ; mon cher confrère Amine Mecifi, pilote de ligne et auteur, qui anime depuis Londres un excellent site d'analyse de crashs[1] ; Dominique L., mon ami instructeur à l'aéroclub, qui m'a appris le pilotage ; mes amis Édouard, Christine et Véro, steward et hôtesses, pour leurs anecdotes croustillantes ; mon ami réalisateur Jérôme Pin pour ses relectures amusées, et Alexandrine Duhin, Pauline Faure et Sophie Charnavel, des éditions Fayard, pour leur travail, leurs conseils, leur soutien permanent dans la fabrication de *Oups*.

Et, enfin, une pensée particulière à une jeune journaliste talentueuse et travailleuse, Margaux Hélard, qui m'a accompagné au cours de ce travail et m'a aidé dans mes recherches.

1. www.securiteaerienne.com

Table

PARTIE 3

TÊTES EN L'AIR

PARTIE 4

LE SEPTIÈME CIEL AVANT TOUT

PARTIE 5
VOL AU-DESSUS D'UN NID DE COUCOUS

PARTIE 6
DESTINATION FINALE

PARTIE 7

LE CLUB DES SURVIVANTS

RÉALISATION : PAO ÉDITIONS DU SEUIL
IMPRESSION : CPI FRANCE
DÉPÔT LÉGAL : MAI 2016. N° 130638 (3016981)
IMPRIMÉ EN FRANCE